ライフステージを臨床的に理解する心理アセスメント

髙橋 靖恵 [編]

金子書房

まえがき

シンポジウム「ライフステージを臨床的に理解するアセスメント」を開催して

　日本ロールシャッハ学会第 23 回大会を京都大学において，2019 年 9 月 22, 23 日の両日にわたり，開催することができました。本大会にご登壇いただきました先生方，ご参加いただきました先生方に心より御礼申し上げます。

　本大会では「世代と領域が織りなす心理アセスメント」をテーマとして，"横糸"として心の支援の「領域」を，そして "縦糸" として「世代」を取り上げ，その交差について理解を深めていくことを掲げました。現代日本において，心や発達の問題理解における心理アセスメントは，極めて多領域にわたって実践されています。"横糸" としての領域は，「医療領域」，「産業領域」，そして「司法・犯罪領域」での心理アセスメントについて講師の先生方とフロアがともに学び合うワークショップを開催いたしました。加えて，当学会に臨床実践指導者の研鑽を積む機会としての期待が寄せられていることから，学会の教育・研修委員会主催として，「心理アセスメントの教育とスーパーヴィジョン」というコースも特別に設け，全国から心理アセスメントの指導者が集う貴重な機会となりました。これらのワークショップから本大会がスタートし，多くの先生方にご参集いただきました。さらに，「教育領域」は現代社会において，心の支援の最も重要な一つではありますが，後半のシンポジウムで取り上げる「世代」に盛り込むことで，全体が網羅できるようにと考えました。

　そして，"縦糸" として，人が生きていく世代を追って，各ライフステージで起きてくる臨床的課題と他世代との問題を取り上げていく企画をいたしました。

　さて，今大会での「現代における心理アセスメント」を考える上で，最も大きな反響をいただきましたのは，松木邦裕先生の特別講演「心理アセスメントに期待するもの」です。そしてそれに続き，特別講演記念対談として馬場禮子先生と松木邦裕先生に，ご講演を巡っての討論をもとにご対談をいただきました。この企画には日々たいへんご多忙を極めていらっしゃる両先生にご無理を申し上げご

快諾いただけたのは，望外の幸せと心より深謝申し上げます。ここでの印象などは，本書の「あとがき」に，詳述させていただきます。その日の午後に，本書にまとめましたシンポジウムが開催されたのです。本大会終了後，さまざまな企画に対して，深い学びができたと，多くの言葉が寄せられましたことに，たいへん感激いたしました。同時に，現代社会のニーズもうかがうことができました。

　本大会テーマとして取り上げた「世代と領域が織りなす心理アセスメント」は，"縦糸"と"横糸"を綾織り状に織っていくイメージです。もちろん，京都という古都の織物のイメージを出したい想いがありましたが，奇しくもこの綾織りが斜めに交差点を持っていくところは，ひとの一生が各世代の段階を踏みながら，数々の社会とかかわりを持っていく階段状に見えるところと重なりました。

　振り返りますと，編者が 2007 年度日本心理学会第 70 回大会において，「家族ライフサイクルと心理臨床」という，各世代における心理臨床の実践について展開されるシンポジウムを企画し，2008 年に出版したところにその端緒があったように思います。この「ライフサイクル」とは，エリクソンが提唱したことに他なりません。中でも私は，各世代の特徴だけではなく，他世代との交流，そして相互性ということに，深い意味を感じてきました。それは心理臨床家が出会うクライエント，そして彼らの抱える問題の背景には，その環境の一つといえる家族，職場，学校での対人関係があるためです。

　その後およそ 10 年余を経て，それぞれのライフサイクルが異なる生き方を模索する現代においても，各世代が他世代との交流をしながら生を全うしていくことには変わりないと思います。さらに現代では，世代間での認識の差が大きく，それに基づく他者との交流の有り様は，その生に大きく影響を与えているのは言うまでもありません。心理臨床の実践，すなわち幅広い心理支援，心理療法を進めるにあたり，必ず実施されるべきこの心理アセスメントは，心の問題や発達の問題の多様化に従って，ますます重要かつ複雑になってきています。心や発達の問題が，どのような対人関係，社会とのかかわりをきっかけに生じてきたのか，心理アセスメントにおいても，上記同様，各世代についての特徴や他世代の人々や環境とのかかわり合いについて熟考が必要となります。私が依拠する精神分析的心理療法において，セラピスト－クライエント関係にその関係が投影されると

考えます。ならば，心理療法が始まる以前の心理アセスメントの段階で，クライエントが出会う検査者（あるいはセラピスト）との関係にも，それが持ち込まれているとことを見逃さずに，丁寧な分析や所見作成，そしてフィードバックを行いたいと思うのです。

今回の学会大会企画シンポジウムは，登壇者の先生方，指定討論や司会の労をお引き受けいただきました経験豊かな先生方のおかげで，たいへん大きな反響を得ました。そこでこのシンポジウムでの提言内容を，是非心理臨床家の皆様にも参考にしていただき，心理臨床の糧となる書籍にまとめたいと考えました。書籍では，会場の声の代わりに紙上コメントをいただき，登壇された先生方がさらにそれに応える形で，各章をまとめていきたいと考えました。

まずは，学童期から思春期での学校状況やその時代の親子関係などについて，髙橋昇先生に心理アセスメントでの特徴と教師や親世代との関係性をまとめていただきました。コメンテーターとしては，私たちの準備委員会のメンバーから石井佳葉先生と元木幸恵先生にお願いをいたしました。両先生は，大学での相談活動に加えて，学校現場，医療現場での心理臨床活動を継続してこられ，若手ながら多くの心理アセスメント経験をお持ちです。若手ならではの真摯な眼差しで，コメントをいただけることを期待しました。

次に思春期から青年期について，日下紀子先生にご登壇をお願いいたしました。日下先生は現在では大学で教鞭を執っておられますが，極めて長い，そして豊富な心理臨床実践経験をお持ちで，精神分析的心理療法を中心とした指導者としての活動を長く続けてこられました。コメンテーターとしては，藤本麻起子先生にお願いをいたしました。長年の臨床のご経験の中で，思春期の事例を担当される経験も多く，これまでもその知見をうかがったことから，ご依頼しました。

さて，成人期は加藤志ほ子先生に，力動的理解の視点から心理アセスメントの実際についてまとめていただきました。この道の先駆者の一人として，私たちを導いてくださっている先生であり，とりわけ医療機関，相談機関で，その実践力を発揮されています。他世代とのかかわり合いについては，コメンテーターの坂井新先生との対話が楽しみであります。坂井先生は，これまで医療現場での実戦経験を積まれ，専門性の高いデイケア施設も抱えたクリニックでの要職にも就か

れている，人望をお持ちの先生です。臨床心理士の立場から，医師も含めた医療現場ですでにリーダーシップを発揮されています。

　現代において最も重要なのが，高齢者への支援とも言えます。その世代については，シンポジストの中で最も若手になる西尾ゆう子先生にお願いしました。西尾先生は新進気鋭の心理臨床家ではありますが，高齢者のアセスメントについて，とりわけジェンダー問題に絡めた重厚な考察で，大著の実践論文をまとめられた実績をお持ちです。ここではコメンテーターとして，精神分析における女性性の問題や歴史に造詣の深い西見奈子先生にお願いをしました。西先生は，指導者として心理療法，心理アセスメントの両面から心理臨床家の育成に取り組んでいらっしゃいます。

　そうして，シンポジウムでも指定討論をお引き受けくださいました小川俊樹先生には，全体に向けて，またライフサイクルの視点から心理アセスメントについてまとめていただきました。日本ロールシャッハ学会の会長でもありますお立場から，幅広いご経験をまとめてくださいます。

　当日のシンポジウムでは，大会の準備委員会事務局長という大役を遂行いただいた京都先端科学大学人文学部の飯野秀子先生に，司会をお願いいたしました。本書にも一筆寄せていただきたかったのですが，ご事情により叶いませんでした。ここにあらためて，この貴重なシンポジウムの司会を担っていただきましたことに感謝申し上げます。

　こうして本書が，学会の大会を終えても尚，その生を育んでいることに心からの喜びを感じています。この芽が心理臨床家諸兄に広がっていくことを願ってやみません。本書を通して，心理臨床家を目指す若手の学生諸氏から指導経験豊富な諸先生方との学びの機会が広がりますことを祈念いたしております。

編者　髙橋靖恵

目　　次

第1章

子どもの心理アセスメントを取り囲むもの

髙橋　昇

1．子どもは取り囲まれている

　子どもは自ら心理療法を受けたいとか，心理検査をやってほしいと言うことはまずない。たいていは親や学校の先生，あるいは保育園の保育士，保健所の保健師などが問題意識を持って，何とかした方が良いと考えるところから始まる。そして，私たちの目の前に現れてかかわりが始まることになる。そもそも子どもには心理アセスメントとか，心理検査などという概念はない。それは周囲からやって来るものであり，何らかの問題があると見込まれた子どもは，アセスメントによって取り囲まれることになる。親や先生から「お前は何でそんなことをするのか？」，「なぜ学校に行かないのか？」との疑問に対するそれぞれのアセスメント[1]が始まる。周囲の者が考えるのは「わがままだからそんなことをする」，「いじめられたので，そうなった」，「友だちを作るのが苦手だから」，「気が弱いから」，「親の躾が悪い」など，さまざまである。しかし，「なぜかわからない」という評価も含めて，子どもはアセスメントに囲まれており，注目されているといっても良いだろう。注目されない子どもはそのような判断もなされない。いろいろなタイプのかかわりがあるだけである。過度，過小，不適当なかかわりなどである。

　そして，適度なアセスメントがうまくなされれば，子どもにとって有益なかかわりが得られる。例えば，「今は成績が悪くて落ち込んでいるから，そっとしておこう」と言う母親がいたり，「この子は役割が与えられると頑張るから，学級委員をやっ

1）　自分のかかわる相手がどんな人かという見立ては，本来対人関係の持ち方を考えるために誰でもしていることである。私たちの行う心理アセスメントは，特殊化，専門化したものと考えられる。

てもらおう」と言う担任の先生がいたりする。通常子どもはこれらのアセスメントと，それから導き出されたかかわりによって，それぞれの場に適応している。

　ところが，それではうまくいかなくなり，周囲の者の判断と子どもの在り方が一致しなくなったり，理解を超えて混乱してしまうと，私たちの見立てを求めるようになる。しかし，実際には私たちがするような心理アセスメントと周囲の考え方が結びつかなければ，子どもにとっては役に立つ見立てとは言えない。なぜなら，子どもが生きているのは現実的な生活と周囲の人たちとの間の場だからである。

2. 私たちの問い

　私たちはまず問わなければならない。この問いは初心者身向けなのかもしれないが，「初心忘るべからず」で，これは世阿弥の言葉であり，「初心は忘れることができない」という意味も含まれるらしい。心理アセスメント技法にも染み渡ることが望ましい。初心が忘れられない臨床家は，将来に大きな支えを得たようなものだ。心理検査と印象的な出会いができたら幸いである。

1）なぜ，誰のために何が必要なのか
　通常，誰もが当該の子どものためにと考えるが，親が楽になるため，教員が困って対処できないのでという場合もある。かかわる側はスクールカウンセラー（以後，SC と略記）の場合も病院の心理士の場合もあるし，ベテランの場合も初心者の場合もあるので，やれることが一様ではない。出会いは 1 回限りでやり直しがきかない。査定者は，自分の力量と力を発揮できる範囲で誰のためかの相手を定め，何を明らかにすべきかを考え，誰に何を伝えるかを考慮して査定に臨むべきである。

2）母親，教師など周囲はどう感じているのか
　周囲の人たちの問題意識と合致するかしないか？　何を期待するか？　このニーズへの対処が子どもとのかかわりの重要なポイントになることがある。一番わかりやすいのは，母親が連れて来なければ，子どもはやって来ない。相談室には母親が連れて来るが，母親の都合で子どものセラピーが休みがちになる事例も

まれではない。無意識的に子どもが変わること，自分から離れていくことに抵抗することもよくある。子どものアセスメントは親へのそれも含んでいる。教師は子どもを指導して，引っ張っていくのが専門なので，後押しするような心理療法的なかかわりには違和感を持つ人もおられる。私たちのものの考え方を理解してもらうやりとりも重要である。

3）子どもはどう受け取っているのか

　子どもにはどのくらいの理解力があるのか？　悪い子である罰として心理検査をやらされていると受け取らないか？　筆者が最初に知能検査を実施したのは，筆者の練習のために隣に住んでいた当時小学4年の女の子にお願いしたものだった。筆者は彼女を生まれたときから知っており，「隣のお兄ちゃん」として普段は普通に話していた関係だったが，検査となったらひどく緊張して，身体が固まっているのが目に見えてわかった。彼女には大きな不安を与え，IQが低い結果となり，母親に説明するのに困った。忘れられない初心のころの体験である。中にはゲームのように知能検査を楽しむ子どももいるが，本当に楽しんでいるのか，劣等感を否認しているのかも考えなければならない。

　子どもにとって最重要なのは母親であるが，母親には"自分の子バイアス"が働く。問題を持った子どもの母親だからだけではない。長年ずっと一緒にいた肉親は，あまり近すぎて客観的に我が子を見ることができにくいものである。目のすぐ上にある眉毛は自分では見えない。筆者は大学院生による子どもの遊戯療法についてスーパーバイズをすることがあるが，母親担当セラピストの情報をあまり得ていない事例のスーパーバイズは，やりにくいと感じることがしばしばある。客観的な情報が得られにくいのもあるが，"自分の子バイアス"が働いている母親の見方，考え方そのものが子どもを理解するのに役に立つので，その情報もほしいのである。子どもの言動について，母親がどう思ってどう接しているか，それは子どもの在り方に連動している。無意識の層を含む内的世界観によるアセスメントである。知能検査のように構造化された心理検査も同様であり，子どもを取り巻く周囲の判断の中で，私たちの専門的な心理アセスメントも一定の居場所を持つ。

3. アセスメント結果を伝える周囲の人のアセスメント

　私たちはまず，子どもの周囲の人たちのアセスメントをする必要がある。母親，家族，学校，教員，養護教諭，施設・病院職員など子どもを取り巻く人間関係や組織の査定である。SC として学校現場に赴くとき，学校の見立てをすべきであるということもよく言われることである。

　たとえば，筆者はかつて SC として 2 つの中学校に勤務していたことがあった。一つの学校は職員室に人が少なく，いつも教員が出払っていてシーンとしており，中にいる教員は無言でパソコンに向かっていた。もう一つの学校はいつも職員室に多くの教員がいて，「今度の宝くじ買ったけど，当たってもあんたにゃやらんぞ」などと談笑していた。どちらがやりやすいかというと，明らかに後者であった。前者の学校は子どもの情報が全く入って来ず，全体の状況も掴みにくく，誰かと話そうにも話す機会が限られてしまっていた。そして，迂闊に子どもの話ができなかった。

　逆に後者は雑談の中で「こんな子がいるんですけど，どうでしょうかね？」と教員が話しかけてくれたり，筆者の方から「あの子は最近どうですか？」などとコミュニケーションが取れた。このような雰囲気の中では，他職種である筆者の意見も取り入れてもらいやすかった。

　そして，同じ学校の中でも種々の人がおり，子どものケースに関するキーパーソンもいる。校長や教頭，学年主任，養護教諭など，こちらがかかわる対象となる子どもとの架け橋になってくれる人が重要である。

　その中でも大事なのは，①内省力，共感力，知識，子どもとかかわりをどの程度持っているか，こころや内的な深さについてどのくらいのレベルで理解していただけるか，②子どもや保護者などに守秘が守れるか，③家族，友だち，先生との関係，生育歴を含むどのようなものが子どもを取り囲んでいるか，である。

　臨床の場は幅広く，現場に応じて母親，家族，学校，教員，養護教諭，施設・病院職員など，そしてそれぞれの構造上のアセスメントも必要であろう。また同じ教員でも，同じ医者でも人によって違うことは経験のある臨床家なら体験的に理解されているであろう。母親ごとに，担任ごとにどこまでどのように情報を伝えるかが異なってくる。

　子どもの母親が以前訪れた病院や施設などで知能監査などの結果を聞いている
というので，尋ねてみると「記憶力が良くないと言われた」など，ほとんど一言
か二言しか結果についての記憶がないことが多い。結果が印刷されたものを持っ
て来られる母親もおられるが，「こんな風でしたので見てください」と言われ，ご
自分がきっちりと理解されているわけではない。それでどのくらい子どもの役に
立ったのだろうか？　記憶力が良くないのは何が問題なのか，それを何とかする
のが必要なのか，必要ならメモを取るようにすれば良いのか，覚えるのは遅くて
もコツコツ何回も覚えれば良いのか，覚えることが多い学校にはどのように協力
してもらえば良いのか，あるいはそれ以外の知的機能がどうなっているのか，全
体として何が問題で，何がその子どもにとって大事なのか。アセスメント結果を
伝える際にはそれらも考慮する必要があろう。糸井（2014）が言う「知能検査は
生活の文脈から切り離されており，生活場面の能力がそのまま知能検査に現れる
ことはない」ということにも注意したい。知能検査の結果を気にするのは，やは
り勉強が一番という風潮にも原因があるだろう。保護者に「勉強も大事ですが，
今はこころの問題で勉強もできない状態にあり，そちらを先に考えましょう。階
段は一段ずつしか上れません。一足跳びに上まで行こうとすると失敗しますよ」
と伝えることも時には出てくる。近頃は必要以上に知能検査を実施することが多い。
　また，子どもの情報は守秘義務があるといっても，関係者に同じレベルの情報
を一律に伝えるわけではない。集団守秘義務という考え方は重要であるし，信頼
できる関係者にはかなり重要な情報が伝えられることもある。伝える相手によっ
て，情報は質量ともに変わるものである。逆に，あまり伝えない方が子どものた
めになることもあろう。周囲との柔軟なかかわりと情報伝達は，子どもにとって
メリットがあると考えられる。

4．事例とのかかわりから考える

　さて，実際の事例では多くの人がかかわり，起こる事象も多岐にわたる。具体
的な事例から作成した架空事例について考えてみたい。筆者の体験事例が元であ
るが，個人を特定されないように改変している。この章は学童期について述べる
ものであるのに，以下の架空事例は思春期の事例が多くなったが，年齢が低い対

象者も射程に入れて考えている。

1）いじめられたと訴えるA子（中2）の母親の事例

　中学校にかかわっていたときの話である。校長が中2のA子についての相談を持ってこられた。級友よりいじめられると訴えている生徒があり，何とかしてほしいと母親に訴え，母親が犯人を特定していじめをなくしてほしい，学校集会なども開いて全体に周知してほしいと学校側に要請しているとのことであった。学校側の対処に不満も持っておられ，この事例にかかわってほしいとの依頼であった。

　母親が来学された時，校長らとSCが出迎えるが，校長を見るなり「何で言った通りにやってないんですか！　私は帰る」と言って踵を返して帰ろうとした。SCは後を追いかけて名刺を渡し，自己紹介して面接の約束を取りつけ，毎週お会いするようになる。A子は近くのコンビニのゴミ箱に，自分の文房具が捨てられていたと学校に報告していた。母親は学校側に対する不信感と被害感情が強く，教育委員会に訴えたり，家の近所の人たちに対しても被害的な考え方をして，SCに強く不満を訴えた。感情的になりながらも，彼女はきちんと通って来られ，面接は続いた。

　そのうちに荒れた感情は収まり，A子もいじめられると訴えることはなくなった。1年後子どもの卒業とともに面接も終了となった。面接の最後に，母親はSCにしみじみと感謝の念を述べた。

〈ポイント〉　母親は当初被害的な受け取り方が強く，母親一人でA子を育て，孤立無援の彼女には周囲に信頼できる人はいなかった。SCは受容的に聴き，母親の不安を支えるようにかかわった。病態はパーソナリティ障害水準であり，A子もまた行為障害的な動きをしていた。学校側はどのように対処して良いかわからず，何とかしてもらえないかという姿勢でおられた。SCはパーソナリティや行動化の問題を説明をし，A子にも一貫した態度や中立性を保つようなかかわりをしていただくようお願いをして進めた。

　卒業する頃にはA子の行動は収まり，母親も学校に対する不満は少なくなって，子育てや母親自身の話をされるようになっていた。ともすれば，モンスターペアレントと言われかねない人ではあったが，SCを信頼してくれるようになり，あ

6

る程度良い内的対象関係を築くことができたと考えられた。

　このような事例の場合，母子を含めた査定は必須であり，学校側も教育者としてのアセスメントの範疇を超えているために，理解や判断ができない状態にあったと考えられる。カウンセリングと共に臨床心理学的なアセスメントを学校にも伝えることで，より好ましい支援につながったと考えられよう。

2）頻繁に担任に電話をかけるB子（中2）の事例

　中2のB子が級友との諍いを機に不登校になる。担任の先生とはよく話ができ，自宅に電話もかかってくるということであった。学年会議で議論し，友だちとうまくいかずに孤立し，とても寂しい思いをしているので，担任ができるだけ話を聴いてあげるべきという結論に達し，電話をかけたいときにはいつでもかけてきて良いとB子に伝えたところ，連日夜遅くに電話がかかるようになり，担任が疲労困憊して消耗し，先が見えなくなってしまった。

　〈ポイント〉　母親はB子の行動にあまり対処できない様子。B子は担任に過度に依存してくるので，一定の距離を保つように電話の制限を加え，学校側からの一定のかかわりなどを依頼する。B子は適応指導教室に通うようになって落ち着く。養護教諭がいろいろと情報をくれたが，世話を焼き過ぎる面があり，SCからの子どもの情報は選択して伝えるようにした。担任の先生は元気を取り戻し，子どもの問題行動は収束してB子は卒業していった。

　学校側は寂しい思いを満たしてあげるという常識的な見立てに基づいたかかわりの方針を立てたが，制限を超える感情の発露には枠組みが必要であり，その中で気持ちを支えていくかかわりは臨床心理学的理解を基礎としている。

3）交換日誌への対応をしたC子（中1）の事例

　ある中1クラスの女性担任教員が，クラス生徒全員と日誌のやりとりを毎日しており，あるときに「気になる子がいる」のでどのようにしたら良いかとSCに聞いてこられた。子どもの記載に一人ずつ赤字でコメントを返しており，熱心な先生であると思われた。C子の日誌を読むと，級友や周囲の人たちに対して「めっちゃ腹が立つ」，「殺してやりたい」などと書いてあり，毎日そのような記載が見

られた。しかし，行動はそのように見えないおとなしい子であるとのことであった。

〈ポイント〉 SC は精神病や境界例の発症の仕方などについて概説し，子どもの気持ちは理解して支持しつつ，行動化しないように注意して見てほしいと伝えた。もし他生徒とのトラブルや気になる行動につながりそうなら注意して事前に止めることなどを示唆し，日誌を見せてもらい教員と現状を共有した。1 年後には全く攻撃的な記載がなくなり，日常的な報告やポジティブな記載になってきた。当初と比較して，これほど記載内容が変わることに驚くほどであり，SC は担任に「先生は発病を抑えたかもしれませんよ」と伝えた。

　心理アセスメントについて伝えるときには予測が重要と考えられ，もし C 子が病理的な症状を見せたり，行動化していく際にはどのような病気や障害が考えられるのか，そうでなければ，一過的な混乱により心の中が整理されない状況になっているのか，明確にわからないときには複数の選択肢も含めた可能性について，臨床心理学的，あるいは精神病理学的な観点からの理解を伝えることは重要である。もし途中で様子が変わったり，見立てが違うと思えば修正すれば良い。「この先この子はこうなっていくでしょう」という予測は当てずっぽうではもちろんダメだが，合理的な理由による予測は，教員など関係者には納得して聞いてもらえるし，それが信頼感を増すことにつながる。筆者がある小学校で講演をしたときに「もっと早くそういう話を聞いておけば良かった」と言われた教師もいた。

　心理アセスメントは時間の流れも重要である。すぐに解決する問題は良いが，心の変化には時間がかかるものである。私たちは，過去からの情報と現状の理解から見立てをし，未来を見据える必要があろう。

4）見守り続けた D 男（小 6）の事例

　D 男は小 5 のときに，家人が留守中に同級生の Y 子の家に忍び込み，部屋に入り込んで見つかってしまった。騒ぎになって保護者が Y 子の家に謝りに行き，きつく言い渡されて許してもらった。それから何事もなく過ぎていったが，小 6 になると，今度はまた家族皆が留守中に Y 子の家に忍び込み，部屋に入ってハサミで彼女の下着を切ってしまった。

　これは大騒ぎになり，担任の先生からどうしたら良いかと SC に相談があった。

被害者も近隣であり，このまま放っておけないという担任の言うこともももっともであった。筆者はこのような行動が繰り返されるのかどうか，何がそのような行動をさせているのか，心理アセスメントのために会うことになった。数回会い，風景構成法，バウムテストなどを描いてもらった。話を聞いてみると，Y子の家に入って下着を切った行動について，「好きな子で，興味が湧いて何となくやってしまった」ということなどを話してくれ，「もうしない」とも言った。

　あまり葛藤もなく，激しい攻撃性や性衝動も感じられなかった。一時的にキレたような形で性衝動が表面化したか，葛藤がないままにこのような行動を繰り返すのか，いずれかであると考えて，その旨を担任に伝え，継続的にD男と面接を続けることにした。心配されている母親からも話を聞いたが，大きな問題のある人ではないと考えられた。

　面接では彼の交友関係や家族の話を聞き，好きなゲームや遊びの話をした。そのうちに「Y子には興味がなくなってきた」と言うようになった。時々風景構成法や好きな絵を描いてもらって，それについて話した。少し内向的でおとなしいD男は，次第に心の内を語ってくれるようになった。時々，担任や心配する母親と話し，「気になったことがあれば知らせてもらうように注意していてほしいこと，しかしD男は大丈夫である」と伝えた。そして，卒業する時期に終了となった。

〈ポイント〉　このようなケースは珍しい。目立った症状もなく，ずっと会い続けて何も起こらない。ただ，心配した担任と母親が安心できるようにかかわり，母親にはD男が描いた絵を見せて説明することもあった。それで母親は安心された。SCは安心されてきちんと見守ってくれることが大事であると考えた。筆者がD男に会い続けたのは，母親と担任のためでもあった。そのような複数の大人の目に守られていることが彼に必要だと考えていた。何も起こらなかったが，それで良かった。彼は無事卒業していった。

5）滅び行く象になったE子（中3）の事例

　E子は中2で不登校になり，中1から信頼していた担任に目をかけてもらい，家庭訪問も受けていた。精神科病院に相談に行き，臨床心理士がカウンセリングを引き受け，親担当のセラピストがついてかかわりが始まった。担任に対する恋

愛感情があることがわかり，疾病利得を考慮して過度に入り込むのを控えてもらうように学校に働きかけた。E子は登校を再開したが，授業中に火事の炎が押し寄せる幻視を見て，失神して保健室に運ばれることを繰り返した。

　しかし，カウンセリングを続けて徐々に症状は消えていった。高校にも合格し，高校生になる直前，E子は面接時に海が右側に大きく広がり，陸にはぽつぽつと木があり，海岸から右側の海に入って「滅び行く象」の姿を箱庭で作成した。入水自殺を暗示するような作品に筆者は狼狽した。彼女の高校生活，将来はどうなっていくのか。危険なことが起こるという恐れは当たった。高校でまだ十分な登校ができないので，親担当セラピストから高校に配慮していただきたいとの意見書が出されたが，高校からは，今月中に良くならなければ休学してほしいと言い渡された。その直後にE子は赤ん坊のように振る舞うようになり，喃語しかしゃべれなくなって極度に退行した。

　彼女はいったん滅びる道への選択を余儀なくされた。箱庭作品で「この象は居場所がなくなって滅んでいくの」と言っていたことが痛いほど想起されたが，SCは何もできなかった。

〈ポイント〉　その後もかかわりは続き，E子は幼児から成長し直し，言動も年齢相応に戻ってきた。ボーイフレンドができたと報告して通院は終了した。中学校は母親を通して病院側の考えや対処について考慮してくれたが，高校は困難であった。私たちのかかわりには限界もあるのが当然であるが，周囲の状況にも左右される。未来への暗い心理アセスメントとともに，どん底の彼女を抱えて付き添っていくことの重要性も感じさせる。彼女は高校にも復学して，滅び行く象は苦難を経て復活したのであった。

5. 子どもを取り巻く環境のサイズと時間

　子どもを取り巻くのは人だけではなく，地理的，組織的環境もある。どの環境を選択するかについては選べるわけではないが，意識している必要があり，それを利用できれば有利である。

1）発達障害のある F 男の事例

　T 県 G 市という人口 4 万余人，小学校 6 校，中学校 3 校が存在する市がある。そこに教育相談室ができて 20 年ほどになる。継続して在籍する臨床心理士が，小・中学校や病院，保健所などと関係を作ってきている。年に 1 回の教育相談室主催の研修会では，教員，臨床心理士，養護教諭，特別支援教員，保母，大学院生など 50 名ほどが集まる。学校の数も少ないので，子どもの情報などが得やすく，親の会なども自然発生的に作られた。

　その研修会で発達障害の F 男の事例が検討された。小学校低学年の担任，高学年の担任，中学校の担任がその場に出席された。行動統制が悪く，気分変動が激しくて，指導が難しい子どもであった。中学校に入るとようやく改善の兆しが見えてきたと報告された。

　F 男が小学校高学年のとき，当時の支援クラスの女性教師は，毎日懸命に彼とかかわっていたが，ある日，F 男に「お前なんかあっちへ行け！」などと暴言を吐かれた。その日は帰宅してから号泣したと話され，参加者はそれらを共有した。教員と筆者がその事例についてコメンテーターを務めた。特別支援学級でのクラス人数は極めて少ない。その担任は E 男と毎日毎時間，一対一のかかわりを続けていたが，逃げ場のない現場はとても厳しいものであったと考えられる。

　コメンテーターの教員は具体的な対処について話され，筆者は here and now のかかわりであること，教えて育てる立場からの発言であると感じた。そして，筆者の方はこの事例の抱える病理や，理解するために必要な情報は何か，そこから考えられる支援方法などについて指摘した。観点は大きく違い，教員はこのように考えて子どもとかかわっているのかと感じた。F 男に違った方向から光を当てた検討会であった。

　もう一つ，ここには地域の関係者が集まっており，小学校から中学校までの担任が参加していた。子どもの成長は早く，この間に継続的に他者の目が F 男に注がれていたことも重要である。かつて糸賀一雄は「この子らを世の光に」と言ったが，「この子らに多くの光を」と感じたことであった。その現場で担任を支えることも大事だが，他職種で違った考え方やアプローチをする人たちによって多様な考え方を共有したり，理解や対処について考え合うことも，子どもを抱える環境を整えることになろう。

2) 目の届く環境

　さらに，先述してきたようなことが可能なのは，この市のサイズがそこそこ小さいという要因も大きい。小学校 6 校，中学校 3 校というのは，大体どこの学校の様子もわかり，先生同士の交流もある故に，児童や生徒の様子もわかりやすい。そこで子どもが育っていく様子を経時的に追っていくことができる。ここで教育相談室がかかわっていければ，全体が把握しやすいと考えられる。相談室は学校の年限とは違うので，長期的にクライエントを見ていける。これは病院なども同じであるものの，筆者が出会うケースでは，幼少期から保健所，病院，相談室など，種々の機関にかかわりながら転々としているクライエントがおられ，一貫した継続的な支援を受けられないままに来ている方もおられて，残念なことがある。

　子どもを継続的に見続ける環境が子どもを支える。先の研修会では，子どもの描画を示して，私たちの心理アセスメントの見方を披露したこともある。教員は子どもの絵画をよく見る機会があり，教員からは「このような見方も必要と思った」，「こんなふうに絵を解釈するのか」などの感想も聞かれた。臨床心理学的なものの見方の端緒を理解していただけたかと感じたものであった。一方では，レントゲン写真を撮るのは簡単だが，分析するのは困難であることとの比喩で，簡単に絵を描かせて解釈しないようにとも注意事項をお伝えしている。

　多職種の集合と，目の届くこのサイズのコミュニティの良さを感じさせる。また，子どもが成長していく段階のどこかでかかわる機関があると，発達障害を抱えた子どもなどでも，どこかの場所での支援やかかわりがうまくいくと予後も良い。町のサイズなどは自由にはならないが，小さくまとまったコミュニティ単位を作ることができれば有意義である。ただし，時間と根気がいる。それを育ててきたのは，ベテランの臨床心理士とその仲間であった。

6. 見立ての鍵

1) 温かい心理アセスメント

　正確な心理アセスメントは"温かい"と思う。なぜなら，それは支援や有効なかかわりのために必要な"理解"を示すからである。松木（2017）は，「嫌われる怖れ」に苦しむ青年の初回セッションにおいて，「あなたは今この面接室とい

う知らない場所に，よく知らない私といて，ひとりであることの強い恐怖を感じているのでしょう。それから最後には，あなたが私から嫌われて追い出されることを怖れているのでしょう」とクライエントに語っている。精神分析的な解釈であるが，初回セッションでのアセスメントを feed back しているとも言える。この論文の題名は「愛しさ─いとしさとかなしさのあわいに」であり，ここに温かさが溢れている。feed back もただ冷たく伝えるのみでは役に立たない。

　以前，ある精神科病院の職員が知能検査の所見書を見て，健常より若干低い IQ 値を直接クライエントに伝えたら，そのクライエントが「そんなはずはない」と言って怒り出したことが想起される。心理検査についての理解がなければ feed back などはできないし，相手が傷つきやすい人ならそれも考慮し，相手のパーソナリティや防衛に配慮することが，相手に温かさを伝えることになるのではないか。

　畢竟，feed back は対話型が実践的であり，検査者がコメントを伝えながら相手の反応を見て，どの程度まで伝わるのかを考えながら話すやり方が，間違いが少ないと考える。ちなみに，前述のクライエントには筆者が説明し直してようやく納得してもらった。苦手なところのみでなく，優れた部分を伝え，どのようにしていくと良いかなどを話したのである。

2) feed back と検査技法の観点

　feed back は子どもを取り囲む周囲も含めて「伝える相手をアセスメント」するところから始まる。そしてここでは「集団アセスメント」という見方が必要である。子どもの問題は環境要因が大きい。他職種のアセスメントは，集団アセスメントでの専門性において生かされるであろう。それは心理検査をするかしないかにかかわらず，私たちの考え方を示すことができるし，それができる力を私たちは身につけなければならない。筆者はかつてデイケアの臨床について，専門的な観点からの意見が，チームメンバーそれぞれの専門性を尊重しながら，より高め合う上で重要であることを述べたが（髙橋，2000），対象は違ってもそれは同様である。

　Finn（2014）は子どもの治療的アセスメントについて，数種の心理検査とプレイ場面での様子や生育歴から，その子の在り方を物語にして feed back する実践を示している。feed back が物語とは楽しいではないか。子どもは自分の内的な物語を聞くのである。

また，「投映法」は心理アセスメントと支援を兼ねているものがあり，描画法は先述したように，教員や保護者なども了解しやすいところがある。箱庭療法も風景構成法も，アセスメントとセラピーの中間領域にあり，私たちの見方を周囲に知らせるために利用しやすいと考えられる。中井（1996）は「心理検査と治療を区別するものは，その場に臨む者同士の心構えや場の構造如何である」と述べており，子どもはその方が自由度が高くなる。松本（2013）は子どものロールシャッハ法について「反応を産出する過程そのものがプレイセラピーに通ずる」と述べている。子どものロールシャッハ法もセラピーに活用する価値があると考えられる。

　しかし，子どもの近くにいる多くの SC は，ほとんどロールシャッハ法を使用していないようである。さまざまな状況があるのは承知しているが，それは SC がロールシャッハ法を使えなくなることにつながる。大学院生が卒業後すぐに SC 業務のみに就くと，もともと習い立てだった技量は落ちていくだろう。

　坪井（2013）は施設における実施で，大人に話を丁寧に聞いてもらった経験が少ないために，「Inquiry で否定されることなく話を聞いてもらえるロールシャッハ法は，それ自体がとても貴重な体験をする面接の 1 セッションになる」と述べている。ロールシャッハ法は児童期の対象者にも有用な媒体であり，大人とは違った反応は興味深いものがある。今後実践者が増えることを期待したい。

　そして，子どもは変化への柔軟性に富むとともに，発達障害などを鑑みても，より早期により長期にわたって支援を必要とするものがある。ここでは，経時的に見守るという観点から経時的な心理アセスメントも考える必要がある。筆者が“心理療法的テストバッテリー”という考え方の中に，時間軸を提唱したのは，時の流れは人のこころの変化にとって重要だからである（髙橋，2016）。

3）投映法的視野

　投映法には思想が必要であると思う。エビデンスも必要であるが，それは集団の中の人がどのように同じ傾向を持つかが問題とされる。私たちが実際に臨床的に人とかかわるときには，その人らしさは何かが問われ，どれだけ人と違うのかが問題とされるだろう。

　中嶋（2016）は，1992 年に JAMA に報告された保険医療制度におけるエビデンスベースド・メディスン（EBM）の 3 要素，①科学的根拠（research evidence），

②臨床上の経験・技能，③患者の価値観（patient preferences）を示し，事例や個別性に基づくアプローチは②③に含まれているとしている。投映法からのアプローチは個別的なものが中心を占めるが，これも EBM のエビデンスベースドの範疇にあると考えられよう。

　それを踏まえた上で考えると，投映法を実施する場合，検査者に背景がなければ検査データを読むことができないか，浅い読み方になるだろう。ロールシャッハ法をパーソナリティの検査だと考えたとたんに，通常は見えない無意識の世界に目を向けていることになる。遺伝学者は，人というものは遺伝子が服を着て歩いているようなものだと言う。心理査定者にとって，人間は意識と無意識を含んだ心のありようが服を着て歩いていると考えるのは，一つの思想である。その心への理解，学問的背景が必要である。加えて，前述したようにクライエントの精神病理や深層を含んだ心理を理解した上での心理アセスメントの観点は「投映法的視野」と言えよう。

　例えば，大学院生に臨床事例のバウムテストを見せて，どんな人だと思うか聞いてみると，「幹が細い」，「影がついている」，「枝が下がっている」とまず木の特徴を語る。これはどんな風に書いてあるかの指摘なので，どんな人かではない。次にどのような人かについて「自我が弱い」，「うつ気分」，「防衛的」などと言う。そこで，自我とは何か，自我にはどのような働きがあるか，弱いとどうなるかなどの質問をされるとよく答えられない。うつ気分は健常人から統合失調症の人まで持つことがあり，そのうつ気分はどの程度のものか，うつ病なのか違う病気なのか，防衛というのはどんな防衛で何を防衛しているのかが答えられない。子どもが描いた人物像の手が後ろに回されているのはなぜか，手の内に隠しているのは何か，絵を見ているだけでは答えが出ない。それらを探索する深い理解までを射程に入れた思考が求められる。

　その上で，クライエントと家族，学校などの社会的場面，社会的組織まで考えることが，「子どもを取り囲む」ことにつながるであろう。家族に関しては両親や兄弟との関係，学校ではクラスメイトのみならず，担任と校長との関係などや，病院や児童相談所との関係もあるかもしれない。なぜ担任はクライエントとうまくやれないのか，この管理者はこのように助けてくれるなどの知見を元に，それらの方々の背景を考えるという視点を持つことは有益である。現場実践をしてお

られる方は苦労されていると思うが，それらを客観的に捉えるのも心理アセスメントである。このような場合であっても，心理検査結果を活用すれば，心理検査の結果の方がクライエントの現状を雄弁に語っており，それを伝えることが他職種の方に信頼感を持っていただく縁にもなる。もっとも，検査をどこまで読めるのか，幅が広く奥に深い知見を出すことが望まれることは確かである。

4) 心理アセスメントの等価性

　専門家なら誰でも心理アセスメントには観察法や面接法もあることを知っている。学校場面では授業風景を見たり，担任の先生の話を聞いたり，クライエントとの面接で判断をすることもあろう。精神分析的心理療法などでは，時間を取った面接が主なアセスメントとなる。しかし，初心者においては臨床現場に出るとうまくやれなくなったり，クライエントと初めて会うとすぐに簡単な世間話をして「はい，検査します」と言ったりする。病院では医師から依頼があった検査を実施すれば終りという感じになることもある。時間がない場合もあるが，10分あれば主訴や困ったことを聞き，問題の背景を考えなければならず，ラポールをとることも重要である。主体的に検査にかかわることを考えたい。ゆっくり時間を取ってじっくりやるというのは基礎だが，実践では工夫が必要になることも多い。

　結局のところ，観察・面接・心理検査は等価の価値を持つと考えた方が情報量が多く，有用だと考えられる。事例によって重点を置くところは違うが，観察したら見立てをし，面接をしたらそれで見立てをし，次に心理検査をして見立てをし，それらを統合することが肝要である。複数の心理検査も含めて，結果は一人のクライエントから得られたものなので，それらはすべて正しいのだが，統合するには力がいる。

　また，心理検査の実施数が多過ぎることもある。神田橋（2006）は「増大する検査データを読む技術は，混沌を感じ取って，瞬時に物語を作る所見感じ取りの能力と同じものですから，所見感じ取りの未熟な医療者には，検査値は誤診の道具となってしまう」と述べている。観察・面接・心理検査すべての情報を統合することは，必要な心理検査を最小限にし，クライエントの負担を減らすだろう。

　熟練した検査者は，必要な検査とそうではないものを区別して，スムーズに導

入できるであろう。前田（2003）は「自分を生かした技法として，自然に，無理なく，誠実に，純粋に行える技法が身についてきたとき，それがその人の『技芸(わざ)』であろう」と語っている。画家のジョアン・ミロは「私は60歳になって，ようやく子どもの絵が描けるようになった」と言ったが，私たちも融通無碍に心理アセスメントができるようになりたいものであり，職人や芸事に近い訓練が長期にわたって必要であると感じる。子どもに絵を描いてもらいながら，親子のように遊んで見立てができれば良いのではないか。「板に付く」の「板」は，元々舞台の「板」であるが，臨床が板に付いた先生であると他職種から認められることが，周囲をも取り囲んだ心理アセスメントをする実践家である証拠かもしれない。

【参考文献】

Finn, S. E.（2014）*Using TA-C to undo severe scapegoating of children*. 子どもと家族の治療的アセスメント──スケープゴートからの立ち直り──. 京都大学GSSプログラム研修会.

糸井岳史（2014）青年期・成人期の発達障害への心理アセスメント──知能検査の使い方を中心に──. 広島大学大学院心理臨床教育研究センター紀要, vol. 13, 3-12.

神田橋條治（2006）「現場からの治療論」という物語. 岩崎学術出版社.

前田重治（2003）芸論からみた心理面接──「初心者」のために──. 誠信書房.

松木邦裕（2018）愛しさ──いとしさとかなしさのあわいに──いのちを巡る臨床：生と死のあわいに生きる臨床の叡智（京大心理臨床シリーズ12）, pp. 283-309. 創元社.

松本真理子（2013）Ⅰ部総論　2章 ロールシャッハ法による子どもの理解. 松本真理子・森田美弥子・小川俊樹（編）児童・青年期に活きるロールシャッハ法, pp. 15-32. 金子書房.

中井久夫（1996）風景構成法. 山中康裕（編）風景構成法その後の発展, pp. 3-26. 岩崎学術出版社.

中嶋義文（2016）医療とは──現代の医療の特性──. 第1章 医療の基本知識. 下山晴彦・中嶋義文（編）精神医療・臨床心理の知識と技法, pp. 2-4. 医学書院.

髙橋昇（2000）12章 病院臨床──5.デイケア──. 氏原寛・成田善弘（編）臨床心理学③ コミュニティ心理学とコンサルテーション・リエゾン, pp. 144-153. 培風館.

髙橋昇（2016）ロールシャッハ法と「穴」のある風景構成法の統合的活用──投映法の心理療法的バッテリー──. 金子書房.

坪井裕子（2013）Ⅲ部　1章 アセスメントからセラピーへ. 松本真理子・森田美弥子・小川俊樹（編）児童・青年期に活きるロールシャッハ法, pp. 131-139. 金子書房.

【コメント】ロールシャッハ法に学ぶ子どもの心理アセスメント

石井佳葉

1. はじめに

　学童期の子どもの心理アセスメントと言えば，校内で活動する心理士を頭に浮かべる人が多いかもしれない。しかし，最近では学校以外の場（適応指導教室，心理相談機関，医療機関など）においても，心理士が学童期の子どもにかかわる機会を多く持っている。筆者の短い臨床経験を振り返ってみても，現場によって心理士という立場の受け取られ方は異なるが，子どもの場合は特にその個人差が大きいように思う。子どもは，成人に比べて心理士に関する知識が十分ではないと考えられ，だからこそ，私たちに対してさまざまな感情や空想を抱く。子どものアセスメントではこの点を理解することが重要であり，その際に，ロールシャッハ法の知見を援用できるのではないかと考えている。

　髙橋昇先生は「子どもを取り巻く人間関係や組織の査定」を含め，子どものアセスメントについて俯瞰的に論じられている。筆者は先生に甘えさせていただき，筆者の簡単な感想を述べた後に，「子どもと心理士の二者関係」というミクロな視点から，一意見を述べたいと思う。

2. 子どもを取り囲むものとしての心理士

　髙橋先生は長年の臨床経験から，子どもが親や教師の査定に取り囲まれていること，そして，それらの査定内容も含めて子どもの理解に繋げていくことを述べておられる。遊戯療法のスーパーヴィジョンを用いて例示されていたように，母親が自分の子どもにどのようなバイアスを働かせているのか，言い換えれば母親による査定を知らなければ，ケースの理解も深まりにくいものとなってしまう。心理士は一歩引いた位置から子どもを囲んでいるのであり，子どもに近い母親，父親，担任教師について査定する役目を担っているのだと思う。

　一方で，髙橋先生のD男の事例のように，衝撃的な事件を起こした彼に対して，母親や教師はどのように接したらよいのか分からなくなり，心理士だけが正面から彼を受け止めることができる，という状況もある。心理士はD男の「良い子」で，

「ゲームや遊び」が好きだという素朴な部分に触れ，ネガティブなエネルギーが感じられないことの違和感も含めて，アセスメントに繋げていくことができた。

　このように，心理士は親や教師に比べて，子どもの遠くに位置すると同時に，もっとも接近する場合もある不思議な存在だと思う。子どもを取り囲むものとしての私たちは，子どもにはどのように体験されているのだろうか。

　そもそも，他の専門職に比べて曖昧な立場である心理士は，周りの人からさまざまな投影を受けやすく（湊，2014），その投影の内容を知ろうとすることがアセスメントの上で重要となる。ここで，筆者は検査者―被検者の関係性がヒントになるように思う。子どもの心理検査状況を思い浮かべてみると，被検者である子どもの心の中では，見知らぬ大人（検査者）との対人状況をめぐる不安が惹起するであろうし，検査導入に関与した周囲の大人（親や教員，SCなど）への怒りが湧いてくるかもしれない。あるいは，1対1でかかわってくれる検査者への依存欲求が高まり，検査者の関心を引くことに一生懸命になる可能性も考えられるだろう。もし，検査者がこうした子どもの心の動きを無視し，最終的に算出されたスコアのみを重視するならば，見当違いのアセスメントとなる危険性があるのは言うまでもない。

　髙橋先生は，ご意見の最後に，子どものアセスメントにおけるロールシャッハ法の価値について付け加えておられた。主に，子どもへの積極的な施行を推奨してくださったが，筆者はその解釈の枠組みも有用であると考えている。ロールシャッハ法においては，創成されて以来，被検者が検査状況をどのように体験しているのか，という点も含めて解釈することが試みられてきた。インクの染みという曖昧な刺激に対して，そして，目の前の検査者に対して，被検者がどのように体験しているのかを推測する。その理解に基づいてスコアを眺めると，被検者の反応特徴が生き生きと浮かび上がってくるのであり，こうした客観性と主観性の往還こそがロールシャッハ法の強みと言える。

　一見すると，学童期の子どものアセスメントと，ロールシャッハ法では接点が乏しいように思われるかもしれない。しかし，インクブロットの捉え方から被検者理解を深めるこの手法の中には，心理士に対する子どもの反応を追うための，有用な知見が隠されているのではないだろうか。

3. ロールシャッハ法の検査者——被検者関係から学ぶ——

　紙幅が限られているため，ロールシャッハ法の2つのポイントから，子どものアセスメントへの活用について考えてみたい。

　まず一つ目は，検査者に権威像が投影されやすいという点である。ロールシャッハ法では，被検者が図版をどのように扱おうと，何を知覚しようと，いくつ反応しようと基本的に自由である。しかし，被検者の立場では，検査者が主導権を握っているように感じられ，どのように反応が評価され，判定されるのか不可解（馬場，1997）なものとして体験されるようである。Schachtel（1966 空井・上芝訳1975）によると，権威主義的な被検者は検査者からの要求に応えようとし，検査者の愛情を独占しようとする被検者は，想像上の他者との競争に入り込むことで，多くの反応を産出する可能性が指摘されている。そのため，反応数（R）が多いという結果一つとってみても，検査者への体験が絡んでいると推測して解釈を進めていく必要がある。

　学童期の子どもは，家庭，学校，学外の臨床現場において，検査者—被検者のような不均衡な関係性に陥りやすいと言える。とりわけ，教育という秩序立てられた環境において，子どもが心理士に対して権威像を投影するのはごく自然なことのように思われる。子どもたちは，心理士に一目置いてもらうことを求めたり，すべて見透かされるような怖さを抱いたり，心理士の期待に応えたくないと感じたりするかもしれない。

　もう一つのポイントは，被検者の反応を検査者が追体験することである。既知の通り，ロールシャッハ法では，図版のどこに，どのような刺激を根拠として，何を見出し，どの程度正確に説明できるのかといった形式的な要素が分析対象となる。被検者の反応が公共反応のように思われたとしても，検査者は早合点をせずに，領域，決定因，内容を丁寧に確かめていく。検査者の用心深い態度に，被検者は「え？　私の反応は違うんですか」，「（検査者には）そう見えないんですか」と動揺することも少なくないが，被検者の反応を真摯に受け止めていくために必要な手続きである。そして，こうした姿勢は，子どものアセスメントにおいても欠かせないものと考えられる。つい先ほど，子どもは，成人期以降の心理士に対して権威像を抱きやすいと述べたばかりであるが，同時に，私たちは「本当にそうだろうか」と疑う心も持たなければならない。もう少し言えば，権威像を抱き

やすい状況下で，子どもは心理士にどのような反応を見せるのか，何を空想しているのか，何を求めているのか，早合点せずに丹念に見極めていく姿勢がアセスメントに活かされるのだろう。

　やや蛇足になるかもしれないが，心理士仲間と話し合ったことが思い出される。心理士というのは，通常修士課程を修了し，その後の資格試験を経ているわけだから，立派な成人である。ベテランの心理士であれば，中年期，ないしは老年期に差しかかっている。しかし，臨床現場においては，患者から子どものように扱われているように感じたり，反対に，中年期の患者を学童期の子どものように思ったりすることがある。転移や逆転移の考えに関心のある心理士にとっては，こうした体験は特別なものではないのかもしれない。ただし，年齢的な発達段階に囚われず，心的次元では，学童期のようにも老年期のようにも柔軟に変化し得るというのは，対象者理解を支えるものであると筆者には思える。例えば，子どもとかかわる中で，その子どもの現実の発達段階（学童期）と，こちらの心に浮かび上がってくるそれにズレが生じたとしよう。そのとき，私たちは「なぜ？」という問いを起点として，子どもが自分に何を求め，何を表現しているのかを考えることができるだろう。

4. 学童期の子どもが，成人期以降の心理士に抱くもの

　ここでは，架空事例Gをもとに，より具体的に子どもと心理士の関係性に迫りたい。この事例は複数の事例をもとに筆者が創作したものである。

　学童期のGは，所属の教室に行くのを嫌がり，学内の相談室で心理士Pとともに過ごしていた。Pが教員ではなく心理士であることについて，なんとなく理解しているようであり，Pの趣味や普段の過ごし方などを聞き出しては，自分との共通項を見出そうとしていた。P自身もGとの間に友人関係のような結びつきを感じていた。一方で，Gは同年代の友人に対しては「話が合わない」と言って，積極的にかかわろうとせず，きょうだいにも冷たく接していた。こうした中で，Pは，担任教員から「Gが家で泣いて暴れることが続き，母親も困っているようだ」と聞かされ，自分の知らないGの姿に驚くのであった。

Ｇは，心理士Ｐを前にどのような体験をしているのだろうか。同年代よりも，成人期以降のＰには好意的にかかわっており，Ｐ自身の体験からも友好的な関係性がうかがわれる。ただし，客観的現実として，ＧとＰは相談室で過ごす子どもと，それを支援する大人である。Ｐが感じていた「友人関係のような結びつき」は，Ｇが意識的，無意識的にＰに求めている関係性なのだという視点も必要だろう。もしかすると，Ｇの中では，成人期の心理士Ｐに権威像を見ることに強い抵抗が生じているのかもしれないし，力や情報を持っているＰに弱みを握られて，裏切られる恐れを抱いているのかもしれない。これらの仮説がもっともらしく思えたとしても，既に述べた通り，そのまま採用することは危険である。

　Ｇの体験を追うためには，母親や，他の子ども，きょうだいに対するＧの反応も見逃してはならない。この事例では，母親の前では甘える子どもの部分が顕在化する一方で，Ｐの前では徹底して大人な付き合いをもとうとしているようであり，家庭の内外でＧの振舞いにズレが生じている。仮説の一つとして，母親から分離し，学校という社会的な場に適応しようともがいているが，Ｇの心の中には，母親にどっぷりと甘えていたい気持ちが渦巻いている可能性が考えられる。しかし，乳幼児ではないＧにとってその欲求は許されず，満たされない苦しみが，「家で泣いて暴れる」という行動として表現されているのかもしれない。

　また，同年代の他の子どもやきょうだいと比べると，成人期のＰを理想化している可能性がうかがわれる。Ｇは，母親に甘える必要のない状態，つまり，早く大人になることを望んでおり，Ｐを取り入れるために，共通点探しに躍起になっていたと言えるかもしれない。Ｐの心に浮かんだ「友人同士の結びつき」が，成人期同士の付き合いに感じられていたとすれば，この仮説はより裏付けられるものと思われる。もし，学童期同士の友だち関係のように体験されていたならば，Ｇが心理士Ｐに抱いているものについて，異なる仮説を吟味していくことができるだろう。

　架空事例をもとにした可能性の羅列になってしまったが，子どもが心理士に抱くものについて，早合点せずに，理解していくプロセスの一端を示すよう努めた。ロールシャッハ法の検査者－被検者関係のように，学童期の子どもと，成人期以降の心理士の間で生じやすい関係性を理解した上で，それを常に疑う視点が必要であると思う。今回の事例で言うならば，心理士ＰがＧとの表面的に良い関係

に安住するのではなく，Gが甘えたい気持ちを抑えて，早く大人のようになろうと苦しんでいるのではないか，という眼を持つことが重要であると考えられる。これにより，機会を見て，心理士は母親や周囲の大人にこの理解を伝えたり，Gとの関係性の質の変化をいち早く捉えたりすることができるだろう。

5.　おわりに

　筆者は，この場を借りて，ロールシャッハ法における被検者理解の視座を，学童期の子どものアセスメントに活かすことについて考えてみた。そもそも，この検査を通じた力動的な理解の際には，検査者の手元に残った反応記録を何度も読み返し，どれだけ被検者の体験を追うことができるのかが欠かせない。教育現場の中では，他の心理士が作成した所見を通じて子どもの理解を求められることもあるが，ロールシャッハ・プロトコルを読む姿勢とどこか重なるように思う。というのも，教育現場の中で心理士が検査を実施し，所見をまとめることはほとんどなく，外部機関の心理士による所見を読む機会の方が多いだろう。その文字情報から，子どもが検査者の前でどのような反応を示したのか，どのような思いを抱いていたのか，といった体験の部分を丁寧に読み取る姿勢も必要と考えられる。髙橋先生が査定結果を伝える際の考慮について指摘しておられるが，所見作成側の心理士も，数値的な結果だけではなく，子どもの体験的な側面も含みこむことを意識しなければならないだろう。

　ロールシャッハ法は教育現場の心理士には無縁のものと捉えられがちであるが，はたして本当にそうだろうか。実際に施行機会を持たない心理士も，対象者理解の枠組みという観点から，ロールシャッハ法を知っておいて損はないのかもしれない。

【参考文献】

馬場禮子（1997）心理療法と心理検査．日本評論社．

湊真季子ほか（2014）藤山直樹・中村留貴子（監修）事例で学ぶアセスメントとマネジメント──こころを考える臨床実践──．岩崎学術出版社．

Schachtel, E. G.（1966）*Experiential Foundations of Rorschach's test*. Basic Books. 空井健三・上芝功博（訳）（1975）ロールシャッハ・テストの体験的基礎．みすず書房．

【コメント】心理アセスメントは誰のためになされるのだろうか

元木幸恵

1. 心理アセスメントに含まれうるもの

　どのライフステージにいるクライエントに対しても，支援に携わる治療者がアセスメントを行う。このことが重要であることは論を俟たない。本章では，学童期に焦点を置き，子どもの心理アセスメントに関して検討がなされている。

　心理アセスメントとは，岡堂（2003）によると，「クライエントに対する心理的援助の方針決定および援助過程とその効果に関する評価に必要な情報を収集する営為である」とされている。援助の方針には，心理療法だけでなく，薬物治療，環境調整，コーチングの実施など多岐にわたる選択肢がある。

　心理療法に限ってのアセスメントでは，探索的な心理療法が可能か，あるいはそれを提供していくタイミングなのか，頻度はどれほどか，などを考えていくことになる。アセスメント面接として，1〜数回にわたって面接を行い，治療者が目の前のクライエントを引き受けられるのかを検討することもあるだろう。そしてアセスメントの際にツール（心理検査）が使用されるのは，このような面接の初期段階であることが圧倒的に多いと考えられるし，筆者の少ない臨床経験においてもそうであった。知的水準も含め言語化はどの程度できるのか，病態レベルやパーソナリティはどうか，衝動性はどの程度か，検査者との間でどのようなコミュニケーションを取るのか，などを見ることで，治療者の力量や設備によってはそのクライエントを引き受けずに別の機関をリファー（紹介）したりするだろう。特に，入院施設を含めた医療との連携がそこまで密ではない機関では，クライエントがどのような心理療法に耐えうるのかアセスメントしなければならず，その際に別の視点として心理検査が役に立つことがあり得る。

　さて，心理アセスメントは誰のためになされるのであろうか。誰しもクライエントのため，と答えるかもしれないし，当然そうあるべきである。しかし実際はどうかと改めて問うてみると，クライエントのニーズや援助という目的だけではなく，治療者あるいは周囲の人からの思惑の存在が見え隠れすることがある。加えて言うならば，心理検査を用いることの意味はどこにあるのか。言わずもがな，

心理アセスメントは観察や面接などの方法もある。その中であえて心理検査を用いる意味は，意外と見落とされがちである。子どものクライエントであれば，主治医や親，教師からの要請によって，心理検査の目的もさほど吟味されないまま実施されていたり，クライエントのわからなさの部分をカテゴリーに当てはめようとしたり，数字として能力や資質を算出することで安心しようとしていないだろうか。知能検査の結果にアンバランスさが見られれば発達障害とみなす，などはその典型例だろう。

　筆者は本項において，本章における事例と合わせながら心理検査を用いる際に注意すべき点について，やや批判的に考察を加えてみたい。

2. 誰のための心理アセスメントか

　脇谷（2007）によれば，英国のタビストック・クリニックでは，子どもに対して心理検査を導入する頻度は少ないそうである。タビストックは心理療法機関という役割だけではなく，無料の公的・教育機関を兼ねているため心理検査以外のアセスメント手法も多く用いられるのだという。こういったさまざまなサービスを行う機関ではアセスメントの際に，心理療法の専門機関に比べて別の支援（環境調整や福祉サービスへの橋渡しなど）を提供したり，他機関へリファーしたりする割合も比較的多いだろう。また仮に心理療法に導入するにしても，どの担当者がどの頻度でいつから始めるのかなどがアセスメントされ，専門家集団によってとても丁寧に治療・支援法の選択がなされる。子どもであれば，自我の機能レベルはどうか，どの程度他者とコミュニケーションをとろうとする意欲があるか，遊びをどのように行うのか，言語化はどの程度できるのか，といった子どもの自身のことから，治療協力をしてくれる養育者・環境の存在まで当然のことながらアセスメントされている。

　本章の4つ目の架空事例において，髙橋昇先生は描画法を実施している。描画法は池田（1995）が述べるように比較的簡便に用いることができるため，青年期の事例だけではなく長時間の検査には耐えられない子どもや高齢者に対して行われることも多い。また髙橋昇先生も述べるように，描画には共同治療者やコメディカルスタッフとも目で見て共有しやすいという特徴もあるだろう。

　一概には言えないが，描画はそのように簡便なために，良くも悪くも用いられ

るときに慎重さに欠ける面も多いのではないかと思う。つまり、本来アセスメントはタビストックの例のように幾重にもある治療可能性を選ぶためになされるはずであるのに、安易に「子どもの内的世界を見る」という大義名分のもと行われていないか、という問いである。

　また、本章ではあまりメインテーマとして触れられていないが、WISC やK-ABC、新版 K 式発達検査などの知能・発達検査に関して、髙橋昇先生はどのようにアセスメントに役立てているのであろうか。髙橋昇先生も指摘していることだが、特に知能検査に関しては子どもの方から自発的にやってほしい、という例はゼロではないとしても、無に等しい。描画法にしろ知能検査にしろ、ほかの心理検査にしろ、保護者・教師からの要望、あるいは後述するように治療者自身の「わからなさに耐えられない部分」から検査実施につながってはいないだろうか。アセスメントがクライエントを「のぞき見をする」目的で行われるのであれば、それは誰の利益にもならないし禁忌である。

　そしてやや話が脱線するきらいがあるが、事例 C 子などは、発達障害がベースにあり、周囲の人との関係の中で何らかのトラウマが刺激されたことで、一見パーソナリティ障害とみなされるような行動での病を呈しているのではないか、と筆者には感じられた。特に、わずか 1 年という短い期間で日誌の記載内容が大きく変わった、という点から、パーソナリティが変容したというよりも、担任の先生のコメントを受けてそれに沿う形で C 子が記載していった方がよい内容を「学習した」ためなのではないかと考えることも出来るだろう。発達検査を行うことで発達障害であると言えるわけではないし、そうした方が良いとは必ずしも言えないが、特性を理解し学校生活・環境を調整することによって救われる事例も多いと考えられる。特に異職種へのフィードバックには、数値やグラフで結果を示すことができる知能検査は役に立つ面も多い。髙橋昇先生が発達検査を用いる際の活用の仕方をどのように考えられているのかは、やはり気になるところである。

3. 心理アセスメントにおけるツールの使用について

　自明のことだが、心理アセスメント、イコール心理検査ではない。精神分析家の松木（2009）が述べるように、心理検査を行うこと自体が、知らないことへ持ちこたえられなくて、時期尚早に知ることを行った、という側面があることは意

識されている必要がある。

　そもそも，心理検査の目的として，高野（2006）によると，(1) 診断的に深めるため（レベル診断など），(2) 治療法の選択の参考資料（精神療法の適応かどうか），(3) 患者に適した治療構造の検討（衝動統制や退行の様子はどうか），(4) 問題の所在を患者（家族）に示す，という4点が挙げられている。これは先述のタビストックで行われている心理アセスメントのプロセスと相似であり，心理検査を用いようが用いまいが，行われることはほとんど同じである。とするならば，(1) ～ (4) のいずれかが，観察や面接からだけでは不十分，あるいは困難だと思われる場合に心理検査が用いられることになる。臨床家としての経験が浅く，アセスメントが難しい場合にも，検査という別の視点からクライエントを複眼的に理解していくことはあるだろう。言語化が難しいクライエントや重ね着的に症状を出している場合など，1～数回のアセスメント面接だけでは治療のおおよその方針すら立てられないこともあるのかもしれない。

　しかし，クライエントについてよくわからないからとすぐに検査に導入したり，流れ作業のように初回面接後に心理検査を使用している臨床現場は意外に多いのではないかと思う。保険診療点数の問題はさておき，この状況は治療者側のわからなさへの持ちこたえられなさを反映している面もあるのではないか。クライエントが子どもの場合，言語化が難しいことも多いだろう。その場合，遊びの中からクライエントのテーマや問題について理解をしていくことになり，治療者は遊びに巻き込まれつつ，想像力や逆転移を働かせながらアセスメントを行わねばならない。それは困難かつ治療者の力量が問われるところであり，考える余裕が奪われてしまう。その余裕のなさから検査に導入するのであれば，それは治療者がただ考える作業を怠っているだけなのかもしれない。クライエントが一方的に搾取される体験になってしまうのであれば，心理検査は薬ではなく毒になってしまう。治療プロセスの途中で心理検査を導入する場合などは特に，それが治療者側の理解したいという一方的な想い（アクティング・イン）からくるものではないかをじっくり吟味したうえで検査の実施を判断する必要があると考えている。

　これは筆者が実際に参加した，とある事例検討会での出来事である。発表者は，筆者と同じくらいのまだ経験の浅いセラピストであった。初回面接でなかなか言語化が難しく沈黙がちなクライエントに対し，セラピストは面接時間の終了間際

にバウムテストを取っていた。その検討会では、なぜバウムテストを取ったのか
そして終了時間間際だったのかについてセラピストに問われていたが、「クライ
エントのことがよくわからなかったから糸口になれば」と答えていた。そもそも、
初回に数十分間会っただけでは、クライエントのことなどわからないことの方が
多いに違いない。経験の浅いセラピストであればなおさらである。もちろん、セ
ラピストが言っていた「糸口」には多様な意味が含まれていたのだろう。たとえ
ば、クライエントと話をする糸口、セラピー関係構築の糸口、アセスメントの糸
口、などである。

　こういった「とりあえずバウムテストでも」という感覚は、初学者のセラピー
でよく耳にするように思う。しかし、そのように行き詰まったからという理由で取
られたバウムテストがセラピーに有効に活用された例を、筆者はあまり知らない。
なぜなら、そこで行われる検査（描画法が多いように思われるが）にはセラピス
ト側の「焦り」が色濃く反映されているからである。描画法はその場で、クライ
エントと共に味わうことが醍醐味のひとつとして挙げられる。ひょっとしたら、
初回面接後半までの段階で陽性の関係構築やおおよそのアセスメントが困難で
あったセラピストは、そのバウムテストをスーパーバイザーなり他のセラピスト
に検討してもらおうという気持ちもあったのかもしれない。

　焦りはセラピストの心の空間を埋め尽くし、心を動きにくくする。そのような
状況ではクライエントに関するイメージを膨らませたり、検査の場で起きている
ことに対して何かを敏感に感じ取ったりすることは非常に難しい。心の余裕がな
い状態で用いられた心理検査では、多くの情報を見落としがちである。バウムテ
ストをはじめとした描画法は、絵そのものからのみならず、描かれているそのと
きや前後のプロセスを共にクライエントと体験し、味わうことも大切である。心
理検査中にクライエントが表現した心の在り様を、できるだけキャッチするため
に、セラピストの心にキャッチできるだけのスペースがなければならない。無意
識に表現されたクライエントの様子やセラピスト自身が感じる気持ち（逆転移）
によって、クライエントの一側面を理解できることは意外に多いが、焦りが心を
埋め尽くしていては、見えるものも見えなくなってしまうだろう。セラピストが
真摯に心理検査に臨むのはもちろんだが、同時に心のスペースも必要になってく
る。とは言え、心のスペースが保たれている状態なのか判断することは、特に初

学者にとって難しいと感じられるかもしれない。しかし，その心理検査が本当に今必要なのか，という問いを自らに投げかけ，それについて考えられる程度のスペースは，少なくとも持っている必要があるだろう。

おわりに

　筆者は心理検査，特に投映法が好きである。テスターとして実施することも，他の治療者が関与した事例を聞くこともたいへん刺激的な体験であると感じている。そのため，心理検査が本来必要な場面でなくても使いたくなってしまう気持ちが出てくることもあった。心理検査が好きであるからこそ，その功績と罪過を考えておくことは重要である。クライエントに資するアセスメントかどうかを，我々臨床家は常に自問し続けなければならない。

【参考文献】

池田豊應（編）（1995）臨床投映法入門．ナカニシヤ出版．

松木邦裕（2009）精神分析体験——ビオンの宇宙対象関係論を学ぶ　立志編——．岩崎学術出版社．

岡堂哲雄（2003）臨床心理査定総論．岡堂哲雄（編）臨床心理学全書 2．臨床心理査定学，pp. 1-36．誠信書房．

高野晶（2006）「心理検査」への投影について——医療現場での観察——　精神分析研究，50(1), 31-36.

フィードバック（コメントを受けて）

　私の論考に石井先生，元木先生よりコメントをいただいたので，お返事を差し上げたい。

　お二人とも，心理アセスメントにかかわる真摯な気持ちが伝わってくる論考であると感じている。まず，元木先生は心理アセスメントを何故，誰のためにするかについての基本的な問いを投げかけておられる。わからなさに耐えられずに，あるいは流れ作業のように心理検査がなされてはならない。実際に近年の，特に知能検査の実施にはそのような面が見られるのは私も憂いているところである。

　一方では，私は若い人に「検査はたくさんやってください」と言っている。なぜなら数多く実施しないと，投映法のような難しい技法は身につかないからである。それで，頭の中にロールシャッハ法，風景構成法などのマップを作ることができる。つまり，統合失調症の人のプロトコル，神経症の人のプロトコル，アルコール依存の人のプロトコル，子どものプロトコルの集まりが一つずつの島になる。頭の中でこのマップができると，新しく実施したときに「このあたりの人」という判断が可能である。そのためには数多く体験しなければならない。本論でも書いたように，子どものロールシャッハ法をやらなければ，やらないのではなく，やれなくなる。"剣の達人は刀を抜かない"などと言われ，塚原卜伝は戦わずして宮本武蔵に勝ったというが，刀を抜かずとも，抜いたらどうなるか熟知していれば結果は見えるということか。宮本武蔵は，人を見たらどこから切れるか常に考えていたともいう。私たちも，熟練すれば実施する必要性は減少し，回数は少なくてすむようになるかもしれない。人を切る話に例えるのは物騒だが，心理検査は人を切ることができる道具であることを自覚すべきである。

　元木先生は精神分析家の松木先生，髙野先生を引用しておられるが，両先生とも精神分析の大家である。両先生とも投映法を重んじていただいているが，医師でありご自分で検査は実施されない。私たちは心理検査の専門家として検査の熟練を目指し，検査のみで勝負することもある。その過程では，クライエントの協力を得る必要がある。つまり，私たちは自分の腕の未熟さを認めながら，検査を

実施し，そこから学ばせてもらうのである。一流の外科医も最初から手術の達人であったわけではない。

　私たちは自分が何をするのか，どのくらいやれるのか，あるいはやれないのかを意識し，理解し，あるときには自分の実力のなさに罪悪感を感じながら検査に臨むことも必要である。そしてクライエントに勉強させてもらって技量を修得していこう。前述した交換日誌の事例Ｃ子は，担任より発達障害傾向のある生徒とは聞いていない。診断的には明らかではないものの，とても興味深いこともあるのだと，私は勉強させてもらったのである。

　もう一つ，「誰のための心理検査なのか」という問いに対して，クライエントのためと答えるのは通常である。それを踏まえた上で，私は家族のため，先生のためということもあると思う。私がＤ男の風景構成法を実施したのは，母親のためでもあった。心配する家族への安心感のためである。とはいえ，私は彼と描画をめぐって楽しい話ができた。面接も遊戯療法も描画法も，プレイフルなのが良い。

　大人の事例では，夫のDVにより心身症状を発してうつ状態になった30代の女性のケースを想起する。病気の原因は一義的に夫が原因であったが，来院した夫は「こいつが家事ができないもんで，言ってやらんとダメだ」と言われる。これを説得するのは困難である。私は夫婦一緒にTEGをやってもらい，結果を見せた。夫のCPは満点であった。"厳しい父親"の意味について説明すると，彼は「確かに点数が満点ですね。ちょっと厳し過ぎたかね」と言った。初対面のカウンセラーが意見を言っても彼は聞かなかったに違いない。しかし，その点数は彼が自発的に出したものであり，納得しやすいものだった。彼は時々来院するようになり，DVはなくなり，妻であるクライエントの症状も良くなっていった（髙橋，2016）。このTEGは夫のためであった。

　知能検査などでも，「理解」の低さを伝えるのは，子どもよりも母親や先生に「わかったような顔をしていても理解していないことが多い」と伝えた方が，効果があったりする。クライエントを理解し，支援法，予後などを考えるのは検査者やセラピストのためとも言える。心理検査をするときに"誰のため"というのは，クライエントを含む関係者間の相対評価であると考えられよう。

　そこで私たちの役目は，まず関係者に知能検査の結果を翻訳して伝えることで

はないかと考える。「作業の速度が遅い」，「算数が苦手」，「知識が少ない」など
は理解しやすいが，それを伝えて「やることが遅くても待ってあげましょう」と
か，「物事は少しずつ教えてあげましょう」というのは，検査をしなくても言え
ることではないか。そして，私たちが何らかのかかわりをもつときには，子ども
が知的に何かができないときにサポートする塾のような役割よりは，全体の状況
の中での不適応や問題行動，症状などの改善を求められることが多いだろう。そ
の場合には「この子は知的に高過ぎるので，他の子の足りない部分が気になって，
つい干渉してしまうので嫌われる元になる」とか，「理解できない部分を友だち
に突かれるので，思ったことが言えなくなっている」などの解釈も含めて教員や
保護者に伝えることが必要である。お母さんには情報の同時並行処理について，
「料理を作るときにはお湯を沸かしながら野菜を切り，煮えるのを待ちながら食
器を洗うなど，いろんなことを同時にやりますよね」と言うと，よく分かってい
ただける。知能検査は子ども本人より，周囲に理解してもらうことが重要である
ことが多いだろう。

　以前，脳波検査専門の医師と話したとき，その読み方について伺ったことがあ
る。脳波の記録紙は線が何本も並んでおり，それぞれが脳の各場所の電位の動き
を示しているが，素人の私たちにはメチャクチャな破線がいっぱい並んでいるよ
うにしか見えない。その医師は「パッと見ただけでは分からないが，ジッと見て
いるとそこから脳の働きが浮かび上がってくる」と言われた。それを聞いて私は，
ロールシャッハ法のプロトコルや知能検査のプロフィールを見るときと同じなの
ではないかと感じた。個々のパーツを見て，その後に全体を眺めて統合すること
が求められている。WISC-IVの項目も同じレベルで存在するのではなく，点数
の高い項目は存在を主張し，低い項目は出たがらない。脳は得意な力を発揮した
がるものである。例えば，地図が読めない人は地図だけを頼りに道を探そうとは
しないだろう。そんなときは，通りすがりの人に聞くか，誰かと一緒にいるなら
その人の後を付いて行けば良い。行く前に何回か通り道についての予習をしても
良い。自分の持てる得意な力を発揮すれば，より簡単に目的地にたどり着くこと
ができる。それは知的能力のみでなく，対人関係の力など適応力が多岐にわたる
が，それを含めた顕在的，潜在的な力を測ることが必要である。そのためにも知
能検査のみでなく，投映法も含めたテストバッテリーからヒントを得られること

が多い。

　元木先生は分からなさに耐えられず心理検査をしてしまう事への危惧を述べている。知能検査にしても同様である。しかし最初からベテランはいないので，このようなときに SV や仲間が助けてあげられると良い。分からなさに耐えきれずに実施したバウムテストを見せてもらうと，有益な示唆を与えてあげることもできる。ゆくゆくは自分が実施したバウムから，自力で得られるものが多くなることだろう。やはりそのことの自覚と解決への道のりを知っていることが大事であり，何年もかかる。

　石井先生は主に検査者−被検者の二者関係に焦点を当てて，コメントをくださっている。私たちの援助活動は心理検査に限らず，その多くは二者関係から始まる。このアセスメントは私が本論で述べたように，関係者がそれぞれの立場で，意識するとしないとにかかわらず行っている。私たちはそれを，臨床心理学，心理査定学，精神分析学，ユング心理学，精神病理学，発達心理学などの知識や理解をもとに行っている。次に「学童期の子どもは，家庭，学校，学外の臨床現場において，検査者−被検者のような関係性が生じやすい」と述べておられるが，これはなぜだろうか。

　子どもは自我防衛機能が未成熟であり，こころの内面が言葉よりも行動や症状に表れやすいと言える。また内面を外部に投映しやすいので，怖いお父さんを持つ子は，先生を怖いと思いがちだったりする。プレイセラピーでお人形さん遊びをすると，母子関係が投映されたりもする。石井先生の挙げている架空事例 G は，さまざまな場面で違う顔を見せる子どもだが，どれも G の内面の表れであり，どれも正しく，そのようなものを持った全体像として機能していることを把握しておくべきであろう。内的対象関係が未成熟で，外的な対象と内的な対象の区分が柔らかだと考えても良い。

　人のこころは広さと深さを持った立体構造をなしているので，三次元的に理解することが正しいと思われる。さらに言えば，この三次元の器は四次元目の時間軸に沿って動き，変化していくので，私が時間軸を強調した所以となる。時間軸の把握は生育歴を聞くことによって得られ，過去から現在を経過して未来への伸び様を見ていく心理アセスメントは，クライエントの人間存在としての有り様を見つめる目とも言える。

さらに石井先生はロールシャッハ法の対人関係について言及しておられる。名大式技法では，「思考・言語カテゴリー」という枠組みに沿ってそれを理解しようとしている。ここでは，子どものさまざまな場面での言動を実際に見るのではなく，こころの層や外部からの刺激の相違によって，どのように表現されるかということを反応から推察するという観点が必要になるだろう。

　そして誤解を恐れずに言えば，私はロールシャッハ法が，対象者の人生が垣間見える技法であると感じている。かつて，日本ロールシャッハ学会において斎藤久美子先生が提示されたご自分の反応は，カードIV（D4）で「二宮金次郎が薪を背負い，本を読みながら歩いている」というものであった。見事に明細化されたこの反応の連想で，先生は小学校に上がるときにとても不安だったが，初めて登校したときに，二宮金次郎像が校庭にあるのを見て安心できたそうである。その後先生は学業に勤しみ，ロールシャッハ法の大家にまでなられたことを考えると，学業への姿勢と人生がこの反応に見事に集約されていると感じたものである。

　お二人のコメントに促されて，いろいろな連想が生じてそれを綴ってきた。イメージが膨らむことが実りの多い対話につながると思いを馳せた。

第2章

思春期・青年期の心理アセスメントの諸相

日下紀子

はじめに

　思春期は，「疾風怒濤の時期」といわれる。情動の揺れや激しい行動化，大人に対する反抗的な態度，冷ややかな視線，どんな質問にも「ベツニ…」，「フツー…」としか応えない，そんな思春期の子どもたちを面前にして，どのようにかかわってよいのか戸惑いを感じる大人は多いだろう。思春期・青年期の人とかかわることは大好きで，得意だと感じる人もいるかもしれないが，思春期は「なんか苦手だ」と言う心理臨床家は少なくないように思う。かつて思春期を経験しているはずなのに，なぜ大人の多くは，思春期・青年期は理解しがたく，かかわりづらいと感じるのだろうか。本稿では，思春期・青年期の心の世界に触れ，どのような心理的援助ができるのかを考えるために欠かせない心理アセスメントの実際と諸相を描き出そうと試みる。

1. 思春期 (puberty) と青年期 (adolescence)

　思春期・青年期とは，子ども（学童期）とおとな（成人期）の中間に位する概ね 12 — 25 歳までの広い年代にあたり，生物・心理・社会的な諸要素が複雑に絡みあう心身の発達段階である。ブロス（Blos, P.）は，adolescence を前思春期（preadolescence），思春期前期（early adolescence），思春期中期（middle adolescence），思春期後期（late adolescence），後思春期（post-adolescence）のように分類し，それぞれの発達段階における特異性について『青年期の精神医学』にて詳しく整理した（Blos, 1962 野沢訳 1971）。この本のタイトルでは「青年期」，本文では「思春期」と邦訳されているように，日本では，いまも思春期，青年期，

青春期など用語上の混乱が認められる。そのなかで皆川（1980）は，思春期（puberty）と青年期（adolescence）を区別して用いることが重要だと指摘し，adolescence について「青春期」と訳してブロスの考えを整理し紹介した。

　思春期は，第 2 次性徴によって始まり，長骨骨端線の閉鎖をもって終結する時期であり，生物学的身体的発育に主に焦点を置いて考えるときに用いられる。一方，青年期は，エリクソンが指摘したように学童期と成人期の中間にある心理社会的発達上の時期を意味する概念である。「アイデンティティ対アイデンティティ拡散」が心理社会的発達課題とその危機になる。

　このように心身が大きく変化し成長する段階における特異性を捉え，どのような心理-社会的発達課題を有しているのかをおさえておくことは，思春期・青年期の人たちを理解するうえで必要である。個人差があるのは当然であるので，それがなぜ生じているのか，個人のもつ特性や環境要因，家族関係，生育歴などの背景も併せて，またそれ以前の心理-社会的危機をどのように克服しているのかを理解することが求められる。本稿では，思春期・青年期を皆川にならい「青春期」として概観していく。

1）前青春期（preadolescence ）10 — 12 歳

　潜伏期（学童期）と思春期の移行期であり，小学校高学年のギャングエイジに相当する。身長や体重の増加など身体の急速な成長加速現象が起こり，それに伴う心身の平衡の乱れや精神的な不安定さ，気分の浮き沈みが現われやすい。特に男子は，集団になって Freud の発達論における肛門期段階への退行現象，汚い言葉を使ったりやんちゃになることがみられる。女子は，おてんばといわれるような活発さが目立つようになる。そして，男女ともに母親への依存と自立への葛藤，両価性が特徴である。また，特に初潮が始まる前の女子は，情緒的にも不安定になりやすく，時に抑うつ的な様相を示すことも少なくない。

2）青春期前期（early adolescence）12 — 15 歳

　概ね中学生の年代に相当し，第 2 次性徴によって始まる。女子では身体が丸みを帯び，初潮が起こる。男子では喉仏が発達し，声変わり，夢精を体験する。男女ともに陰毛が生え，自分の身体に異変が起こっているという違和感や不安に多

かれ少なかれ翻弄される。この時期の性的な衝動の高まりは，攻撃性として表出されることも多く，わけもなくイライラし，暴言や暴力へとつながりやすい。そのため他者とのコミュニケーションにも離齬や衝突が生じ，対人関係において居場所を失うことにもなりかねず，家庭においても，また学校においても自分の居場所が揺るぎやすい時期である。

　このように，学童期とは違う自分を感じるようになるため，親からの分離と依存の葛藤が活発になるとともに同一性の葛藤が生じ，不安は強まる。このとき，同年代との仲間関係が成立するならば，そのなかで自分の考えや自分の位置を確かめ，新しい価値観と出会うことが可能になる。それは，家族からの分離をサポートするだろう。家族とは異なる新たなグループのなかに自分の居場所を見出すことができれば，思春期前期から始まっている内的分離−個体化の過程は進むといえる。

　しかし，家庭にも同年代の仲間関係にも自分の居場所を見出せないとき，徐々に高まる性衝動や攻撃性はコントロールしきれず，家庭内暴力やいじめ，非行，自傷行為といった問題行動の形で表現される場合が多くなるだろう。とにかく具象的な形でただ衝動や欲動を発散するしかない問題行動は，そこに興奮や快感などの感覚が伴うと考える余地や感情を味わう余地を奪ってしまう。強烈な感覚が不安や不全感，劣等感や無力感を圧倒的に覆い隠してしまうからである。さまざまな行動化は嗜癖のようになり，我慢するとよけいにイライラが募るので興奮や快感をさらに求めるという悪循環が生まれ，考えない，考えられないといったマインドレスの状態が定着してしまう。

　この時期，「自分とは何か？」というアイデンティティにまつわる葛藤や混乱から，思春期危機症，強迫症，離人症，対人恐怖，自己臭症，摂食障害，不登校，無気力症，手首自傷，自殺企図，家庭内暴力，いじめ，非行などさまざまな形での問題行動や精神症状が現われやすい。

3) 青春期中期（middle adolescence）15 — 18 歳

　高校生の時期に相当し，身体的成熟に伴い性衝動は異性へと向かう。異性への関心が強まり，幼児期の愛の対象，すなわち母親や父親から離れ，新たに恋愛対象を見出すことになる。エディプスコンプレックスも再燃し，性アイデンティティ形成もこの時期に進むといわれる。「自分とは何か？」という問いに引き続き晒

されているため，自己への関心は増大している。この時期特有の現実吟味を顧み
ない，高まった自己認知，自己の過大評価，尊大さ，極端な感動性と自己専心が
みられ，一般的には自己中心性と自己拡大をもたらすといわれる。そのため自己
愛的な引きこもりと現実吟味の喪失を生じさせ，親的対象への反発などが表現さ
れるようになる。彼らのこころに容易に近づけないのは，拒絶，尊大さ，頑なさ，
そしてどこか脆さを感じてかかわりの手を考えあぐねるからであろう。

　一方で，自分自身の能力を発達させるよりも，依存してしまうような全能性を
もった親を喜ばせることをやめられないこの年代の彼／彼女は，いつまでも親の
「良い子」として存在し，表向きは親を表面的に取り入れる。「大人」を装ってい
ても情緒的に未熟なままである「偽成熟（pseudo-maturity）」（Meltzer, 1965, 1967,
1973 松木監訳 1993, 2010, 2012）となる。

　また，この時期の空想的生活と創造性は，頂点にある芸術活動，音楽活動，観
念的表現によって社会的参加に至る手段にもなりうるが，時には内的過程や体験
が，偽—精神病的機能の特徴的な性質を与える外的現実に投影される。このとき
に体験される疎隔感，非現実感，離人感は，自我感情の持続性を分裂させる恐れ
があるが，現実と空想をいかに行き来できるのかという，中間領域を「遊ぶこと」
（Winnicott, 1971 橋本訳 1979）ができる能力にも大きく影響されるだろう。この「遊
ぶこと」は，発達過程における正常な健康な心の機能として認められている。

4）青春期後期（late adolescence）18 — 21 歳

　ほぼ大学生時代に相当し，「自分とは何者か？」という問いに対する一応の答
えを見出す時期である。「これが私だ」というアイデンティティの確立がこの段
階での重要なテーマとなる。大学受験や就職試験などの競争の中に身を置き，自
分の限界や能力とともに社会的制約を体験する。異性との交際や恋愛関係をめぐ
る競争にも巻き込まれることはあるだろう。自分の将来のパートナーについても
考え始め，自らの性アイデンティティの確立ともからむライフステージの課題に
も開かれていく。また，さまざまな対象喪失や挫折などを体験するなかで，自己
不全感や無力感，劣等感を感じつつも自己肯定し，アイデンティティを確立して
いかねばならないのがこの時期である。この時期に，時間的展望が拡散し未来へ
の夢や将来の希望がもてなくなったり，様々なアイデンティティ群のなかから自

分を一つに選択することを回避することによってアイデンティティの獲得がうまくいかない場合，アイデンティティ拡散の危機となる。

5)　後期青春期（post-adolescence）20 ─ 30 歳

　青年期から成人期への移行期である。社会人となって両親から情緒的にも社会的にも分離し，生まれ育った家族から離れていく。さらには自分自身のパートナーを見つけ，新しい家族を作る時期である。職業選択決定や恋愛，結婚など社会的な役割選択がなされるようになり，青年期の発達課題を達成する時期であるともいえる。そして後期青春期は，「親密性対孤立」が心理社会的発達課題とその危機になる。

6)　青春期の発達課題

　これまで小学校中学年から大学生にかけての青春期の発達過程を概観してきたが，乾（2009）は，その青春期の発達過程全体を人生第 2 の親からの分離−個体化の過程とみなす観点に立ち，その過程で青春期の自我が直面する発達的課題を以下の 4 つに整理した。
　①　身体的成熟と内的衝動の高まり，それに伴う身体像の変化は，自我の衝動コントロール・バランスを不安定にし，自我に圧力をかける。
　②　自我の支えとなり，依存対象であった内的対象としての親からの分離は，自我への脅威を強める。
　③　このような親からの分離は，青春期以前に親との対象関係を通して内在化した，幼児的な超自我と自我理想の，同世代あるいは成人期にふさわしいあり方への再構成を果す。この内的変化によっても自我は危機に出会う。
　④　上記 3 つの内的発達に加え，現代社会での青年としての役割を獲得する課題も要請される。

　それぞれ年齢に応じた発達段階に特異的な課題や心性があるが，時には年齢に比して未発達な課題をもつものもいる。個人はそれぞれどのように体験しているのかを把握し理解することが重要になる。

2. 臨床現場での「青春期」との出会い

　青春期の人たちと臨床現場で出会うとき，さまざまな身体症状（不眠・食欲不振・不安発作など）を身体言語として，彼らはそのときの心の状態を表し，精神症状（離人感・抑うつ・自己臭・関係念慮など）とともに不登校や引きこもり，自傷行為といった不適応行動を訴えることが多い。その背景にあるのは，いずれもアイデンティティの混乱である。劣等感や不全感，心の痛みを自傷行為などの行動化によって考えないように紛らしている傾向が見え隠れする。心の痛みに触れることは，それだけ耐えがたく辛いことであるとセラピストにも痛いほどに伝わってくる。そうなればなるほど，それを面接場面においてとりあげることは難しくなる。セラピストは投影同一化に巻き込まれ，その痛みに触れようとすれば抵抗が起こるだろうし，触れなければ事態は何も変わらない。心の痛みに触れなければ，青春期の心の世界を真に理解することは難しいままである。

　このときセラピストがクライエントとつながることができるとすれば，それはクライエントの自分を理解しようとする自己の健康な部分とである。「変わりたい，成長したい，自分を理解したい」といったニードを見出し，理解することへの恐れや痛みを共感し共有しながら，自己の健康な部分と治療同盟を結ぶラポールを形成しなくてはならない。このときの難しさは，親との依存と分離の激しい葛藤がセラピストとの間で再演されることにある。しかも激しい行動化が重なれば，その対応に手が一杯となってしまい事態は混乱してしまう。

　このようなとき，例えば，心理検査（特にロールシャッハ・テストやバウムテスト，家族絵画，SCT などの投影法）を導入し，クライエントの内的世界や心的体験の一端とクライエントの自己の健康な部分を理解することができれば，臨床場面でクライエントにどのように出会うのか，予後や心理療法（セラピー）の可能性，どのようなアプローチが適しているのかなどを考えるのに役立てることができる。「自分は何者か」に翻弄されているクライエントにとって，心理検査という枠組みの方がむしろ安心して自分を理解する試みに取り組めるのかもしれない。ただし時には「見透かされている」，「調べられている」と被害感や猜疑心を強める危惧もあることは忘れてはならない。

3.　臨床ビネット

　ここで青春期後期（10 代後半）の女性 N との出会いをとりあげたい。プライ
バシー保護のために，本人を特定できないように，事例概要は臨床的リアリティ
を損なわない程度に改変を加えている。

　彼女は，学童期を成績優秀で「良い子」で過ごした。青春期中期より不登校と
リストカット，気持ちの落ち込みがあり，自ら面接を求めて筆者の勤める相談機
関を訪れた。初回面接時の N は，翳りある暗く不機嫌な表情で沈黙を続け，重
苦しく息詰まる雰囲気に包まれた。私は，容易に口を挟めばそれは彼女の何かを
決めつけたこととして N に受け取られ，「私の話を聞かずになんで私のことがわ
かるの」と怒って二度と来談しなくなるのではないかという恐れや不安，圧迫感
を強く感じた。セラピストである私への抵抗，拒否なのか，それとも警戒し不信
をもっているからなのか，息詰まるような沈黙や気まずさが二人の間に漂い，私
はいたたまれなくなった。N は，私が何かを問うたとしても，「別に…」，「普通…」
とだけしか答えず，まるで取るに足らないことのようにして考えようともしな
かった。ほとんど何も語らない N については，それが発達過程における過渡的
な状態あるいは一過性の問題行動なのか，それとも発達過程において明らかな支
障が起こり，精神病などの初期症状の一つとして理解し対処する必要があるのか，
家族関係や生育歴についても手がかりはほとんどないかのように感じられた。そ
こで私は心理検査の実施を N に提案し，N は別の担当者による心理検査（ロー
ルシャッハ・テスト，バウムテスト，家族絵画）を受検した。

　本稿では，厳密にデータ分析するという目的ではないために，いくらか不完全
な状態のままであるが N のロールシャッハ・テストの反応内容や反応の継起を
示し，N の心の世界，パーソナリティ理解について検討したい。

【量的分析】

　反応数は 22。初発反応時間は平均 16 秒 3，黒色図版の平均初発反応時間は 12
秒 4，色彩図版の平均初発反応時間は 20 秒 2 であり，情緒的な刺激場面ではカラー
ショックが疑われ，場面回避的になることが示唆された。形態水準は，F％ =
59.1％，F+％ = 53.8％ と低く，現実吟味力は十分とは言い難い。全体に平凡反応

Table 1　事例 N のロールシャッハ・テスト　プロトコル

		Time		Response		Score		
I	1	∧	9	人が二人立っている。片手あげて，マントか袖の長いのが広がっている	W	M, Fm	H.Cloth	±
II	1	∨	24	太陽？　が昇ってきてる感じ。水辺。太陽が反射している	W	mF, CF, FK	N	∓
	2	∧	59	人が向かい合って座っている。	W	M	H	P ±
III	1	∨	8	カエルを上から見た感じ。べちゃってなってる。つぶれたりはしない。	W	F	Ad	±
	2	∧	54	人が二人で何か持っている。女の人	W	M	H.Obj	P ±
IV	1	∨	9	蛾とかチョウチョとかそんな感じ	W	F	A	±
	2	∧	27	木。木っぽい。	W	F	Pl	±
	3	∧	1'08	マント被った人が両手広げて立っている	W	M	H, Cloth	±
V		∨	13	鳥が向かい合っている感じ。羽根を広げた状態で	W'	FM	A	±
	2	>	50	弓？　矢をつがえているみたいな…	W	F, m	Obj	±
VI		∨	6	ギター。胴とネック	W	F	Obj	P ±
	2	∨	42	十字架。アメリカとかのお墓	W	F	Obj	∓
	3	∧	1'08	狐を上から見た感じ	W	F	Ad	∓
VII		∨	25	夜の中にあるお寺みたいな，塔みたいな。暗くて夜の中にある感じ	S,W	F, K C'	Arch, other	±
	2	∧	53	ウサギが2匹振り返ってる感じ	W	FM	A	±
VIII		∧	29	ピエロの顔	W	F, FC	Hd	∓
	2	∨	46	女の人の水着みたいな	dr	F	Cloth	∓
IX		∨	32	蓮の花	D	FC	Pl	∓
	2	>	1'03	親子が水辺にいてて，それが反射して逆に水の方に映っている。ちっちゃい子が手を伸ばしていこうとしている。お母さんが手で止めている。あまり日本ではない感じ。絵本に出てきそう	D	M, FK	H	±
X		∧	8	ひな人形のお雛様	W	F	(H),Obj	∓
	2	∧	46	男の人の顔。眼鏡かけて髭はやして髪の毛赤い	D	F, CF	Hd	±
	3	∨	1'22	ブラジルとかのサンバの衣装みたいな	D	F	Cloth	∓

は 3 つと少なく，全体の 13.6% しかない。FC：CF+C = 0.5：2，$(FM+ m)$：$(Fc+c+C')$ = 4：0 というように，濃淡反応はほぼ欠如し，$M：\Sigma C = 5：2.25$ と体験型は運動型である。A% = 22.7%，W：M = 16：5 というように，能力以上に要求水準が高

く，全体をまとめて捉えようとする傾向があると考えられた。

【反応態度ならびに反応内容】

　Nは，図版を最初から回転させて反応しようと取り組み，主体的にかかわっていこうとする態度がうかがえた。限界吟味では，Ⅰ図のP反応，Ⅳ図，Ⅵ図のP反応の「毛皮」は認められず，Ⅴ図「チョウチョ」，Ⅶ図「女の人」，Ⅷ図「動物」は認められた。常識的な認知は，検査者の指摘や指示があれば可能である。反応内容はTable 1のとおりである。

4. 青春期の臨床的理解を織りなすテーマと視点，その実際

　青春期の心理アセスメントにて臨床的理解を織りなすために筆者が着目するテーマと視点の主なものは，1）依存と分離・自立，2）性欲動のあらわれと女性性・男性性の獲得，3）権威的な対象像へのかかわり，4）アイデンティティの確立，の4点である。ロールシャッハ・テストを含めた心理検査や面接で得られたデータと生育歴や家族関係などの情報を照合しながら青春期のクライエントを臨床的に理解していく。また，ロールシャッハ・テストの反応からは，依存欲求や基本的安全感をめぐる幼少期の対象関係を推測し，子どもの自己部分と大人の自己部分をクライエントの中に見出していくプロセスも同時に行っている。では次に，Nのロールシャッハ・テストのプロトコルから臨床的理解を織り成してみたい。

1）依存と分離・自立のテーマ

　「子どもの自分」から「大人」へと移行する段階である青春期前期からの発達課題をふまえ，幼少期の母子関係における基本的安全感をベースに親対象からの自立や分離を進めていくのが青春期中期から後期である。ロールシャッハ・テストでは，Ⅳ図は父親図版，Ⅶ図は母親図版といわれるので，どのような反応が生じるのかということや，濃淡反応は，どのような質（材質，触感），どのような気分・雰囲気（暗い・黒い・怖い・やわらかい）などと結びついているのかを量的にも質的にも捉えて理解に結びつける。

Nの場合は，Ⅶ図において人が全く見えなかった。黒色部分を避けて空白部分に塔（建物）を見ているところに何らかの無力感や抑うつ気分の存在とともに愛情刺激を回避する傾向がうかがえた。Nにとっての愛情欲求や依存欲求は，限界吟味で言及された「色落ちした布，汚い感じ」のようにやや拒絶的なものとして捉えられ，母親イメージも否定的なもののようだった。それに対する罪悪感には全く言及していないが，人が全く見えないNは，母親からの分離や自立が難しくなっているとも考えられた。

　一方，Ⅳ図では，徐々に覆いかぶさるような圧迫感や恐怖を示し，父親あるいは権威的な場面に対して容易に近づけない恐怖，呑み込まれ不安があるようだった。

　また，Ⅷ図からⅩ図の全色彩図版での反応は，社会的な場面をどのように体験しアプローチしているのかを示唆すると考えられるので，情緒刺激への反応性と情緒の統合性についてはⅡ，Ⅲ図の反応と比較しながら読み取っていく。

　Nは，Ⅷ図「水着」やⅩ図「サンバの衣装みたいな」のように着飾り注目を浴びたい願望や，何か衣装を身につけないと社会に出ていけない思いがあると考えられた。Ⅸ図では「小さな子が手を伸ばしていこうとするのをお母さんが手で止めている」姿を見るなど，社会に出ていこうとするのを母親から妨げられている感じを投影している。これは，母親から分離を引き止められたいNの願望を投影している可能性もあるだろう。

　このように自分のペルソナ形成に迷い，親に十分に依存も分離もできないがために，Nは自分の中にひきこもらざるをえないのではないか。実際それは，「自分はいったい何者」で，どのようなペルソナを身につけないといけないのかという青春期中期のテーマとも合致し，その後の心理療法にて取り組むテーマの一つになった。

2）性欲動のあらわれと女性性（男性性）の獲得

　青春期における性欲動の高まりをどれだけ自我コントロールし，女性性（男性性）を獲得しているのだろうか。例えば生々しい形で「性器」反応が出現する場合は，性関心や性欲動に自我が圧倒されている状態が示唆される。一方，性関心は隠蔽され，象徴化されて反応されることもある。濃淡部分を避け，ブロットの

輪郭部や些少な一部だけにしか反応しない，あるいは全く反応できない反応失敗もある。このように「性」反応の出現の仕方に注目し，どのような場面で性欲動が刺激されるのか，女性像，男性像のイメージをどのように投影し語るのかなどにも注意を払うことによって心的力動過程の理解をすすめる。

　また，母親像や父親像の摂り入れや同一化をベースにしながら，自分の体験を他者のそれと照合し共有したりするなかで性欲動や性関心の統合，性アイデンティティを自らのものにしていくことを可能にする。そのとき，それぞれが性欲動に翻弄されつつも体験するあり方が受身的なのか能動的なのかもみていくことが大切である。両親に対する愛情に葛藤が強いと，依存感情は否認され，愛情を欲していてもそれを求めることは難しくなるので，いざ依存・愛情対象に向き合ったとしても葛藤的になってしまい，関係がうまく結べなくなるのである。

　Ｎは，Ⅲ図やⅦ図でごく平凡な女性像も認知しがたかった。同性同士の関係における緊張感や不安は，同性の親との葛藤や不安を背景にしていることが多いので，Ｎにとっては二者関係から三者関係の世界，エディパールな関係への参入は妨げられ，女性性も獲得しがたいようだった。どのようなペルソナを身につけるのか，装うのかも性アイデンティティを含めたテーマと絡んでくるので，それらの傾向を丁寧によみとることは，臨床的なアセスメントにつながると考える。

3）権威的な対象像へのかかわり

　青春期は，特に権威対象への反発が強まる時期である。そのあらわれは父親場面といわれるⅣ図での反応内容や継起からうかがえるだろう。あまりにも去勢不安や呑み込まれ不安が強ければ，受動性が強まり，能動的に主体的に自己主張できなくなる。自己顕示，意志を貫きとおしたい願望は，図版内の突起部分への過敏性や固執性として現れ，その一方で「うなだれる」，「切り取られる」といった無力感，去勢された感覚の表現が顕わになることもある。

　このような去勢不安が疑われるとき，迫害的な水準で体験されているのか，それとも抑うつ的な水準での体験なのかを吟味することが必要である。迫害的な去勢不安が強まると，親から分離し「大人」の自己を作りあげることは恐怖を引きおこし，幼児的な退行という自立，分離への抵抗を生じさせるだろう。他者とかかわることに被害的にもなるだろう。そして，抑うつ的に去勢不安を体験してい

るときには，適切な現実検討とともに挫折感や劣等感を感じるであろう。この挫折感や劣等感をしっかり受けとめることができれば，そこから償いや修復に進むプロセスを辿れるようになるかもしれない。

4) アイデンティティの確立

ロールシャッハ・テストの反応には，クライエントのセルフイメージ，とりわけ「子ども」としての自己，そして現在の女性（男性）としてのセルフイメージ，大人に対するイメージが投影される。反応の継起には，心の動きや揺れが読み取れる。青春期の自我は大きく揺るぎやすいことはこれまで見てきたとおりであるが，その揺れや崩れが一時的なものなのか，それとも精神病的なものであるのかを可能な限り判別することが求められる。自我の回復力や自我の弱さ，歪みなどをとらえるとき，優位なのは一次過程思考なのか二次過程思考なのか，葛藤やアンビバレンスを心においておけるのか，認知や意味づけは了解可能であるかを丁寧に吟味していく。

N は，全体に形態水準は F+％ = 53.8% と低く，漠然と全体をとらえて明細化が十分にできていなかった。刺激が単純な V 図でさえも平凡反応は生じず，「向かい合った鳥」から「矢をつがえている弓」を見ているのは特徴的である。おそらく高い知的能力によって他者からの承認を得ていた N は，そのプライドとともに平凡反応でなく独自性をアピールし注目されたい自己顕示欲を強く有していたのだろう。

その一方で，N の幼少期の母子関係を振り返ると，ほとんど親に甘えることはなく，情緒的に受容される体験は不十分であったと推測される。常に誰かに評価され，良い子でいなければ自分を保てない緊張感は，「矢をつがえている弓」の如く緩むことなく，その心の奥底では，IX図に示された幼子のように愛情を求めているようだった。それは Meltzer（1973 古賀・松木監訳 2012）のいう「偽成熟（pseudo-maturity）」であると考えられた。

5) 青春期の世代と臨床領域との関連

ここまで青春期特有の4つの発達課題に着目し，それを縦糸とするならば，そのテーマにまつわる体験や不安，葛藤の水準をそれぞれ見極めていくこと，すな

わち自我機能と病態水準という心の機能を横糸にして，その人の心のありようと心的世界，精神力動を理解として紡ぎ出していく実際を描き出そうと試みた。青春期は特に，目に見えない心の機能とパーソナリティの在り様の理解に加えて自我の回復力，今後の成長可能性，予後を推測することが欠かせない。なぜなら青春期のクライエントの場合，病態水準や自我状態によって，どのような治療的かかわりがクライエントにとって有用なのかを判断し，必要ならば医療領域での治療につなげなければならないからである。

　ラスティン・カグリアータ編（1994 木部監訳 2007）にあるように，「なぜこうした症状が形成され，なぜこの日に相談に訪れたのか（受診したのか）」と問い，そこに思慮を巡らさなければならない。その人の神経的発達，心的発達を理解していくためには，これまでの生育歴，どのような両親から養育を受けてきたのか，その家族環境はどのようなものであるのか，そこからどのようにして症状が形成されているのかを総合的にアセスメントする必要がある。そして，面接と心理検査を含めた数々得られる所見のどこにずれが生じ，どこは重なり合うのかなども考慮しなくてはならない。その差異がその人独自の像を表すように理解を織りなしていくことが求められるのである。

　さらには，現実（外的世界），内面の不安や葛藤（内的世界），そして外的対象，内的対象それぞれにクライエントはどのように現実吟味をしてかかわっているのか，さらに現在の不安と症状との関連，現在のクライエントの状態，さらには予後の成長可能性，心理療法の適用が有用なのかどうかなどについても考慮していく。

　マネージメントとしては，青春期は，子どもと大人の中間期に位するため，親へのかかわりが必要ならば，同日に親並行面接を行うのか，それとも個別に面接を行うのか，その設定をどうするのかを見極めることも必要である。学校や職場との連携についてもどのように行うのか，行うべきかどうかなども慎重に判断すべき視点である。青春期の場合は，親との分離がテーマとなるので，親と並行での面接では，なかなか親に対する葛藤や不満を語りにくくさせてしまう。それゆえ面接構造を慎重に，丁寧に設定する必要があるだろう。

　このように，青年期（発達段階）のテーマの視点を横糸であるとすれば，病態水準や健康な心の機能はどのような部分であるのかを縦糸にして，不安や葛藤の

領域，心的体験と思考プロセス，現在の心の在り様を理解しながらクライエント
の心の世界，パーソナリティ像を織りなしていくのである。クライエントの心の
中の子と親世代のつながりを縦断的に理解し，実際に子と親，その親の世代に直
接的にも間接的にもかかわることが必要にもなってくる。さらには，教育と医療，
産業と医療など，領域を横断して連携を個別にとりながら，青春期の一人一人の
成長を見据え，希望につなげる心理臨床実践は何かを考え続けなければならない。

おわりに

　様々な心理臨床場面で青春期の人たちに出会う。医療，福祉，学校教育，司法，
産業場面といった個々の心理臨床現場に応じて，クライエントがそれぞれ提示す
る問題は異なるだろう。しかしながら，青春期の人のなかには，子どもの自己部
分と大人の自己部分が存在していることには変わりはない。心のバランスを崩し
て瀕死の自己も存在しているだろう。幼児期からの自己から大人への自己への移
行期である青春期において，ドルドラム（無風状態）や疾風怒濤のなかで，アイ
デンティティが拡散した瀕死の心，あるいは様々な危機に直面している心に出会
う。そのとき，希望の光を見出すよう共に寄り添い，持ちこたえ前進するためにも，
成長への足掛かりになる多様で可能性を秘めたサインを見逃さずに，青春期の危
機的な部分と新たな自分を確立していく可能性をしっかりと捉えていくことが重
要である。

【参考文献】

馬場禮子（2017）力動的心理査定——ロールシャッハ法の継起分析を中心に——．岩崎
　学術出版社.

Blos, P.（1962）*On adolescence: A psychoanalytic interpretation*. New York: Free Press. 野沢
　栄司（訳）（1971）青年期の精神医学．誠信書房.

Erikson, E. H.（1959）*Identity and the life cycle*. New York: International Universities Press. 小
　此木啓吾（訳編）（1973）自我同一性——アイデンティティとライフサイクル——．
　誠信書房.

乾吉佑（2009）思春期・青年期の精神分析的アプローチ．遠見書房.

皆川邦直（1980）青春期・青年期の精神分析的発達論——ピーター・ブロスの研究をめ
　ぐって——　小此木啓吾（編）（1980）青年の精神病理 2, pp. 43-66. 弘文堂.

Melzer, D.（1965）The relation of anal masturvation to projective identification. *International*

Journal of Psyucho-Analysis, 47, 335-342.

Melzer, D.（1967）*The psyucho-analytical process*. London: Roland Harris Trust. 松木邦裕（監訳）飛谷渉（訳）（2010）精神分析過程．金剛出版．

Meltzer, D.（1973）*Sexual state of mind*. Perthshire, Scotland: Clunie Press. 松木邦裕（監訳）古賀靖彦（訳）（2012）こころの性愛状態．金剛出版．

ラスティン，M.・カグリアータ，E（編）（1994）木部則雄（監訳）（2007）　こどものこころのアセスメント――乳幼児から思春期の精神分析アプローチ――．岩崎学術出版社．

Spillius, E. B.（1988）*Melanie Klein today, vol. 1*. London: Routledge. 世良洋（訳）肛門マスターベーションの投影同一化との関係．松木邦裕（監訳）（1993）メラニー・クライントゥデイ①．岩崎学術出版社．

Winnicott, D. W.（1971）*Playing and reality*. London: Tavistock Publications. 橋本雅雄（訳）（1979）遊ぶことと現実．岩崎学術出版社．

【コメント】日下先生の問いを受けて

藤本麻起子

　日下先生の「思春期・青年期の心理アセスメントの諸相」には，とても繊細で
かつ激しい動きのある内的世界を生きつつ，いざ出会うとセラピストのかかわり
を拒絶するような思春期・青年期クライエントへのアセスメントについて細やか
に記されている。臨床家はいわゆる教科書や文献に書かれ，知識としてもってい
る発達課題にクライエントを当てはめて理解するのではない。特有の課題をクラ
イエントがどう生きているのかを，アセスメントを通して理解するのである。一
見当たり前のようでたいへん難しいことが，このケースでなされていることがよ
くわかる。ゆえに思春期・青年期の心理アセスメントについて，日下先生以上の
ことを筆者はとても申し上げられないが，日下先生の記された「なぜ大人の多く
は，思春期・青年期は理解しがたく，かかわりづらいと感じるのだろうか」とい
うことについて掘り下げて考えたい。この書籍のテーマである「ライフステージ
を臨床的に理解する心理アセスメント」に添い，「青年期のクライエントへの，
かつて青年期であったセラピストの共感」を横糸に，「青年期のクライエントと，
成人期にあるセラピストとの世代間の関係」を縦糸に，この問いについての検討
を試みる。

1. 横糸：青年期のクライエントへの，かつて青年期であったセラピストの共感

　青年期の臨床は魅力に満ちている。それは「自分とは何か？」という問いに対
する一定の答えを見出すこと，「これが私だ」というアイデンティティの確立と
いった青年期の重要なテーマが，心理臨床の得意とする，あるいは心理臨床の好
むところだからである。困難ではあるが，アイデンティティを見出していくプロ
セスは輝いてもいる。

　しかしその一方で，青年期臨床はある臨床家にとって非常に苦手である（筆者
もその一人である）。その理由は日下先生が書かれている。青年のもつ「尊大さ
や現実吟味の喪失と自己愛的な引きこもりを目の前にした人は，彼らのこころに
容易に近づけない拒絶，尊大さ，頑なさ，そしてどこかもろさを感じて，かかわ

りの手を持ちあぐねることになる」。目の前のクライエントとのつながりを模索
しようにも，何を手がかりにアプローチしていけばよいのか途方に暮れる。つな
がりたさを感じつつ，つながるための微かな動きが関係性を切ってしまう怖さを
感じる。しかし「かつて思春期を経験しているはずなのに，なぜ大人の多くは，
思春期・青年期は理解しがたく，かかわりづらいと感じるのだろうか」。この日
下先生の投げかけに対して筆者は，“臨床家は一応大人になっているから” では
ないかと思う。

　“一応大人になっている” とは，現実に適応した自我をもっていること，河合
(1996) のことばを借りれば，「自分なりの世界観をもっていること」である。し
かし青年期のクライエントに会っていると，その自我が揺さぶられる。自分もか
つて苦しみを通して築き上げたアイデンティティが崩れてしまう恐怖や，セラピ
ストが青年期だった頃の痛みを思い出す。共感は臨床家にとってクライエントと
つながる通路であるが，共感と共に私たちは自分の痛みの通路を開くことにもな
る。逆転移と一言で片づけられない，アイデンティティを揺るがす痛みである。

　それゆえにセラピストの方が防衛的になってしまい，クライエントの心に寄り
添えなくなってしまう。あるいはあまりに共揺れしてしまい，ケースが続かなく
なる。我々はかつて思春期を経験しているからこそ，逆に思春期・青年期のクラ
イエントにかかわれないのである。

　そんなとき，ある種の心理検査はお互いにかかわり合えないクライエントとセ
ラピストをセラピーの場へと惹き込む力をもっていると筆者は考える。日下先生
の提示されているケースではロールシャッハ・テストが挙げられているが，ロー
ルシャッハ・テストの図版を見て心が揺さぶられないことはあり得ない。侵襲的
であると言われる所以でもあるが，ロールシャッハ・テストは確かにクライエン
トの内的世界や自我の在り方を表現させる力があり，それらがセラピストに受け
取られることによってセラピストとクライエントの “つながり” が生成されるこ
とがある。

　と同時にセラピストも，検査者を務めたかどうかにかかわらず自身の心が揺さ
ぶられ，防衛的な “大人の自我” が崩されていく。むろんクライエントや検査状
況を守るための自我を保っていることは必要であるが，クライエントの，あるい
はセラピスト自身の痛みに触れられないという自我の言い訳を超えて，思わずク

ライエントの内的世界に惹き込まれてしまう，そういった力がロールシャッハ・テスト，あるいはイメージの表現を促す心理検査にはある。セラピストの痛みもクライエントの痛みも検査空間が包み込んでくれる安心感も大きい。

　ゆえに，テストを介しての心理アセスメントは，心理療法を行う上で当たり前の行為であるようで，お互いが心理療法の世界に入っていく覚悟を問うものであると筆者は考える。青年期のクライエントであれば，なおのことこの覚悟は問われてくるだろう。心理検査は"よくわからないから検査をやってみよう"というものではなく，"みえないところをみていきたい，痛いけれど一緒に触れていきたい"という，セラピストの切なる願いと賭けがこめられたものであると思う。日下先生がさりげなく書かれている「私は心理検査の実施をＮに提案し」とあるところには，どのような思いが動いていたのだろうか。

2.　縦糸：青年期のクライエントと，成人期にあるセラピストとの世代間の関係

　青年期のクライエントより，セラピストの方が大抵は年上である。年齢が上がるにつれ，青年期のクライエントより親の気持ちの方がわかるようになることもあろう。また，セラピスト自身が青年期のときにはなかったような悩みを聴き，世代差を感じることもある。これらが「かつて思春期を経験しているはずなのに，なぜ大人の多くは，思春期・青年期は理解しがたく，かかわりづらいと感じるのだろうか」という問いへのもう１つの答えであろう。例えば"LINEメッセージの真意を読みかねて友だちとぎくしゃくしている"といった悩みなど，30年前にはなかったことなのでセラピストがついていきづらく感じたり，真意は直接友だちに確かめれば良いのにとセラピストが親のように感じてしまったりすることが起き得る。

　こういった世代間の関係を考える際に，筆者は２つのことが重要であると考えている。１つは，青年期クライエントが生きている現実世界について知ることである。セラピストは内的世界についての理解は得意であるが，意外と現実世界がどのようになっているかについては疎いこともある。かくいう筆者も大学教員であるがゆえに大学生の現実世界についてかろうじて知っている程度であるが，やはり時代の違いを感じることは多い。

　例えば今，大学はアクティブ・ラーニングの推進に追われている。元々大学は

アクティブ・ラーニング型の学びの場ではあるが、どの大学でも当たり前になされていた、教員から受講生に対する（一方的な）講義授業は対話をなさないものとして、否定的にみなされている。ゆえに内省的で知的能力の高い学生は以前ならレポートやテストで好成績を残せたであろうが、外向性とグループ活動を要求される今の大学では苦労すると思われる。適応に必要な力というのが以前と今とでは異なっているのである。"大学になじめない"という青年期クライエントがいたとして、このような現実世界に関する認識があれば、世代間があっても質的なクライエント理解に近づけるように思う。

　臨床ビネットのNについて考えると、Nはペルソナ形成に模索中とのことであった。ゆえにもしNが大学生ならば、対話の求められる授業においてペルソナがなく、素の自分を出してしまうことが多いと推測される。Nの意見に対して反論が出るならば、それはそのままN自身の人格否定と受け取られ、大いに傷つくこともあり得る。内的に引きこもっても不思議はなかろう。

　もう1つは心理検査を通して、世代の違いを臨床的に使っていくことである。セラピストとクライエントの関係に親子関係が転移され得ることは言うまでもないが、セラピストとクライエントの世代間はより転移が起きやすくなる土壌と考えることもできる。その際、どのような転移が起きそうであるかをアセスメントで見立てておくことはセラピー上有益であろう。

　例えば日下先生の臨床ビネットでは、Nが愛情欲求、依存欲求を拒絶的なものととらえ、母親イメージは否定的であるとされている。また父親あるいは権威的な場面に対しては圧迫感や恐怖、呑み込まれ不安があるようだったという。となればセラピストはこれらのイメージを引き受ける役割を果たすことが予想される。転移の扱い方はさまざまであろうが、クライエントとの世代間や近づけなさにむしろ治療的な意味があると考えられることは、セラピストとクライエントにとって助けになるだろう。

3. 横糸と縦糸を織り合わせて

　河合（2002）は、現代青年の置かれている状況や心性などについてわかってくると、大人たちも、青年たちの課題はすなわち自分たちの課題に通じてくるわけで、「大人」としての自分自身の自我の在り方を検討すべきであると述べている。

これは縦糸としての「世代間」と，横糸としての「共感」が重なり，立体的に織られることであると言えよう。異なる時を生きながら，同じ時を生きるセラピストとクライエントがいるところ，それがセラピーでありアセスメントなのだと筆者は思う。

　今回の貴重な機会を受けて，あらためてアセスメントとは何だろうかと考えたところ，筆者にとってアセスメントとは「つなぐ」ものなのだとあらためて思われた。わざわざ筆者が言わなくともこれまで語り伝えられてきたことではあるが，最後に今一度まとめておきたい。

　私たちは普段，「自分」というものや「こころ」について意識し，考えることはそれほどない。しかし何らかの事情によって壁にぶつかったとき，私たちは「自分」について問い，「こころ」というものの存在に触れていくことになる。とは言えその「こころ」は非常に自分から遠いもので，全くつかめない何かに思えている。

　アセスメントはその「こころ」がどのようなものかを浮かび上がらせ，伝えてくれるものである。ゆえにアセスメントは「クライエント」と「その人のこころ」をつないでくれるものだということができる。フィードバックでしばしば聴かれる「私にはこういうところがあったんですね」ということばには，自分との出会い，つながりがうかがわれる。

　また，アセスメントはクライエントとセラピストをつなぐ。クライエントはこころを心理検査や面接を通じてセラピストに渡す。セラピストはクライエントの表現を受け取り，理解というかたちでクライエントに返す。その相互交流がセラピストとクライエントを結びつける。ひいてはクライエントとセラピストをセラピーという場面に結び付ける。

　さらにアセスメントは連携する人々，クライエントを支える人々とクライエント，セラピストをつなぐ。見立てというのは心理職の最もプロフェッショナルな役割であると筆者は考えているが，だからこそ見立てが適切に関係者に伝われば，信頼関係と協同関係の礎となってくる。

　心理検査，アセスメントというと一般的には「分析」という「切る」イメージが大きいようであるが，上記のように「つなぐ」意味があることは非常に大切である。

　最近の筆者はクライエント本人，もしくは医師や弁護人の要請があれば心理検査を入れたアセスメントを行うというスタンスであった。筆者のどこかに心理検査の侵襲性がひっかかっていたからであろう。しかし上記のことを考えれば，慎重を期しつつも，こちらから心理検査を伴うアセスメントを提案するということがもっとあってもよいのではと思い至った。

　読者の方にどれほど資することができるかわからないが，アセスメントについて再考できる機会を与えてくださったみなさま方に感謝したい。

【参考文献】

河合隼雄（1996）大人になることのむずかしさ（新装版）．岩波書店．
河合隼雄（2002）多層化するライフサイクル．岩波書店．

フィードバック（コメントを受けて）

日下紀子

　藤本先生は，私の「なぜ大人の多くは，思春期・青年期は理解しがたく，かかわりづらいと感じるのだろうか」という問いについて,「共感」と「世代間の関係」を軸に，我々臨床家は「かつて思春期を経験しているからこそ，逆に思春期・青年期のクライエントにかかわれないのである」と，一つの答えを明確に与えてくださった。「共感とともに私たちは自分の痛みの通路を開くことになる。逆転移と一言で片づけられない，アイデンティティを揺らがす痛みである」という藤本先生の言葉に，かつての思春期・青年期の痛みを甦らせ，子どもに対して無意識に自分が生きられなかった思春期・青年期を重ね合わせ，過剰な期待や不安を抱いてしまう親たちに親面接で出会ってきたことを想起した。親だけでなく，治療者自身もかつての痛みや不安を甦らせ，過剰に防衛的になり，共振れを起こしている。そのとき，藤本先生が記されている「"大人の自我"が崩されていく」のだろう。

　ある種の正しさや常識さを身に纏い，今まで「大人」として生きてきたところに，かつての叶わなかった夢，挫折しあきらめざるをえなかった生き方，劣等感や無力感，後悔や無念さなどが痛みを伴って蘇ってくる。大人は，その痛みを払拭するために，「大人」であろうとし続け，目の前の思春期・青年期のクライエントや子どもに親の願望や人生や考えを押し付けてしまいやすいのではないか。実際そうした大人は往々に存在する。特に，思春期・青年期の子ども本人は来談せず，親だけが心理面接に訪れるときには，親を通してその子どもを理解し，かかわっていくことが求められる。そのとき，治療者が親世代にあまりにも共感しすぎて，思春期・青年期のクライエントを見失ってしまう危険性があるだろう。そうならないように，治療者や親は，大人の自我は崩されても「大人」の自我は失わず，自分（治療者・親）の思春期・青年期の痛みとクライエント（子ども）の痛みを混同せずに吟味して分けていく作業がアセスメントにおいてもセラピーにおいても必要になってくるだろう。

　そのための手立ての一つに心理検査がある。藤本先生が問うてくださったよう

に，私がNさんに心理検査を提案したのは，マニュアルの一つの流れや，藤本先生が記されているように「“よくわからないからテストをやってみよう”というものではなく，“みえないところをみていきたい，痛いけれど一緒に触れていきたい”というセラピストの切なる願いと賭けがこめられたもの」であった。藤本先生の言葉が正しく私のそのときの思いである。

　さらに付け加えるならば，私は，Nさん自身の，自分を理解し現状をなんとか打開したいとの思いを汲み取り，その体験を共有し，心理検査のパフォーマンスやそこで与えられたデータからNさんのパーソナリティと心の世界の理解を試みようとした。その思いをもって，Nさんの自分を知りたいという自己に働きかけ，さらにはデータを単に機械的に操作的に解釈するのではなく，データの一つ一つをNさんとの面接で得られた情報や実感とも照合しつつ，Nさんの像を生き生きと紡ぎ出すアセスメントを心掛けたのである。

　このとき，治療者自身が受ける感覚や不安を，自分個人の不安であるのか，それともクライエントとの間で生じている不安や感情なのかを吟味することが必要である。ときには，クライエントの親の気持ちを引き受けていることもあるだろう。そこにクライエントとその親との世代間の関係を理解する鍵がある。

　子どもが自分自身のアイデンティティを見出し，思春期・青年期を生き抜けるように，親や治療者は，それぞれが自分自身の思春期・青年期を子どもに託すのではなく，自分が生き抜くよう努めなければならない。それは大きな痛みがつきまとう喪の作業であろう。それが治療者や親世代の大人の課題である。自分の臨床現場にとどまらず，必要な医療や司法，福祉領域にも目を向け，世代間の関係の視点も見失わないように，それなくしては思春期・青年期の子どもの心を理解することはできないと考える。

第3章

成人期・中年期の心理アセスメントの事例にみる力動的理解

加藤志ほ子

　髙橋靖恵先生からシンポジウムの企画のお話があり，すぐに連想できたのはエリクソン（Erikson, E. H.）の枠組みであり，ご指定の「成人期・中年期」は，エリクソンのいうⅥ期〜Ⅶ期にあたり，青年期を通過した後の20代後半から，50代のⅧ期前までの世代ということになるかと思われる。

　エリクソンはフロイトの人格発達の考えを改訂・拡張して，心理社会的発達段階という理論にまとめている。フロイトの心理・性的発達段階を心理社会的発達段階に書き換え，自我同一性の概念で統一的に説明し，各段階に自我同一性獲得のための発達段階を設定している。それぞれの発達段階には発達課題があり，その発達段階を成功裏にこなしていけば，母子同一性，集団同一性，職業同一性，性的同一性，人類同一性などを順に獲得して尊厳ある自己同一性を獲得すると考え，逆にそれぞれの段階で挫折すると，発達段階上の傷を残したまま次の段階へ移り，やり残しがあまりに多いと，特に青年期後期になってからは自己同一性の拡散という障害がおこると考えられている（岡本，2014）。

　この「成人期・中年期」は「働く世代」，または「子育て世代」であり，この時期に問題を抱えて，臨床現場におみえになる方についてのライフステージを臨床的に理解するという観点を中心に，ロールシャッハ法からのアセスメントということをお話しすることにする。臨床現場には，この年代の方は大勢受診されている。それぞれの困りごとを何とか解決したいと精神医学の援助を受けるなど，さまざまな方法で問題解決に向かわれている。

　臨床現場での精神科医からの要望として，中村（2015）は以下のように述べている。

　「精神医療の中で，心理検査をオーダーするのは，①治療初期に診断や治療方針に迷ったり，裏付けが欲しいとき，②患者が客観的な裏付けを必要としている

ときである。近代の患者の見立てが一元的になりがちなのは否めない。しかし症状は，その病態からくる一表現であり，その病態の重さがどの程度であるかを知っておくことが臨床上は重要であると考える。それは薬物療法の選択にも影響するであろうし，予後や，患者の今後の社会生活をどう組み立てていくかにも大きくかかわってくる。この病態水準，すなわち神経症水準であるのか，境界水準であるのか，精神病水準であるのかを見極めるために必要なのがロールシャッハ・テストである（中村，2015）」。

　この「ロールシャッハ・テスト」の病態査定については，ご存知のように1921 年にヘルマン・ロールシャッハが『精神診断学』を刊行以来，ロールシャッハ法の研究者により研究が続いてきている。日本にも 1930 年ごろから内田雄三郎博士によって導入され，臨床に応用されるなどの研究史が長くある。そして日本では，名古屋大学法，大阪大学法，包括システム，片口法などのそれぞれのシステムで研究が続けられてきている。

　筆者は，小此木・馬場（1989）が提唱し，最近では馬場法と呼ばれるようになった，パーソナリティ理解の基礎に力動的理論（広い意味での精神分析理論）を持つ立場で仕事をしてきており，解釈技法としては Klopfer, B. と Schafer, R. が提唱している sequence analysis の方法を取り入れている。分析者の主観で決めがちな継起分析を，より客観的で分析者の偏りのないものにするには，客観的な手掛かりが必要と考えており，そのために各反応語に付随するスコア（領域，決定因，内容，形態水準）を手掛かりにする読み方を徹底し，活用するようにしている。スコアには自我機能の働き方の良し悪しや，自我の防衛と適応の機制が示されるので，これは健康と病理の測定には不可欠の側面と言えるのではないかと考えられている。反応語の内容や，主題には，その被検者のファンタジーという側面が示されるが，そのファンタジーがどのような自我機能の支えの中で表現されるかによって，被検者の在り方や，その適応の仕方は，まったく異なってくると考えられている。

　成人期・中年期の諸問題，そして心理アセスメントを通した臨床的理解を，2事例を通して理解を進めていくこととする。精神科外来に通院されている事例で，主治医から検査依頼があり，ロールシャッハ・テストと SCT を施行して，臨床的な理解が進んだ事例である。

1. 事例 J

　30代後半に「不安発作」を主訴に総合病院の内科を受診した女性 J さんのケース。

　身体的検査からは問題が認められず，精神科の受診を勧められ，投薬を受けながら総合病院の精神神経科に通院。半年ほどの診察の間で，今回不安発作が頻発するようになった直接の原因は，若い青年との恋の破たんがあり，対象喪失とその喪の仕事の不全が症状を引き起こしていることが話され理解が進んできてはいた。他人には話しにくい問題を精神科医に話したことで，症状はやや改善したが，まだすっきりとは落ち着かず，不安発作も時々おこる様子が続いていた。そこで，「心の中の問題も関係しているかもしれませんね。もう少しあなたを理解するために心理検査を受けてみてはどうでしょう」と主治医から勧められ，J さん本人も同意し検査が実施される。

テスト目的：性格傾向の理解と病態水準について
臨床像：小柄でおしゃれな印象。個性的にコーディネイトされた服装。
　　　　　言葉遣いも知力を感じる印象。

Summary Scoring Table：

TR = 12	W：D = 10：2	F% = 23	F+% = 100
Rej. = 0	M：ΣC = 4：3.5	ΣF% = 75	ΣF+% = 50
RT = 36″	FM+m：Fc+c+C′ = 2：2.5		R+% = 58
R1T（NC）= 5″	Ⅷ + Ⅸ + Ⅹ /R = 25%	H% = 33	A% = 25
R1T（CC）= 11″	FC：CF+C = 1：3	At% = 8	
MDC = Ⅸ，18″	FC+CF+C：Fc+c+C′ = 4：2.5	P = 3	
	M：FM = 4：0.5　CR = 7（8）DR = 7（4）		

スコアからの理解：

＊反応数は12個と少なく，自己表現はかなり制約された形をとっている。しかし反応時間も素早く，課題への取り組みは意欲的で，対処力は認められる。W% は高く，統合的に物事を処理しようとする傾向が示されている。M = 4，ΣC = 3.5 と体験型は両行性を示している。外の刺激にも敏感に反応し，内面で

も活発に考えるタイプと言える。

* CF = 3 で，情緒刺激に対しては揺れ動かされやすく，ややコントロールが悪くなることがあることが示されている。F+% = 100，ΣF+% = 50 で，なるべく客観的・合理的であろうとする姿勢が前面に出ているが，CF も多く，情緒刺激に巻き込まれて現実適応を手放してしまうことも，やや多い様子。

* CR = 7（8）と内容の種類は豊かで，表現力や知識はあることが示されている。不安が強まると X-ray，At，sex など心気的な形で不安を表現しやすい傾向も示されている。

* 自我機能水準は，全体的には自己表現が抑制的な神経症水準にあり，情緒刺激の強まる場面では，身体化された形で不安が表明されやすい水準と考えられる。

反応継起を含む所見は以下のようである。

1) 内面の豊かさ

　反応数は 12 と少ないが，想像が膨らみ，刺激に対する敏感さと，退行を楽しむ姿勢が示されている部分も多く，表現力の豊かさがあり，それは J さんの職業（出版関係）に役立つ力であることが納得できるものである。

2) 不安の強さと揺れ幅の大きさ

　不安緊張の高まりやすい場面では「骨」，「骸骨」，「女性器」など，内臓反応や身体反応が多く示されている。外界の情緒刺激に対する敏感さ・不安の強さはかなり高く，心気的な形で，この不安に対応しがちな傾向が示されている。不慣れな場面に対しては臆病になり，なるべく見知った中で，その中で安全に自分らしく表現していこうとする消極的で防衛的な姿勢が身についている背景には，この心性が影響していることが推察される。

3) 理想化傾向とその裏側

　Ⅱカードで「古いお城とドラキュラ」，Ⅳカードでは「悪魔の生贄と羊の頭」，Ⅴカードで「蝙蝠の王様」，Ⅹカードで「悪い人と戦う，皆を助ける人」など，テーマにはやや過剰な投影が示され，説明を加えるほどに激しい世界が描写されてい

るのが特徴。表現力は豊かで，適切な言葉の使用と，現実検討力の確かさが認められる形での反応となっている。

　意識の上では「邪念のない美しい心でいること」を心がけ，強調しているが，ロールシャッハ反応には攻撃性を含む内容が続いている。このことから，内面には分裂排除された不快感に満ちたものが連想されやすく，これを表面では理想化防衛を常に用いながら適応を図ることが多く，自我統制にかなりエネルギーのいる状態であることが推察されてくる。説明を求めると，抽象化・知性化を用いて言葉豊かに説明し，頑張る様子が続く。表現力の豊かさは示されている。次第に観念過剰になりやすかったり，客観性を照合するより，内的な思い入れを語ることの方に関心が向きやすい傾向がみられるのが特徴。

4）対人関係の回避傾向

　連想された人間反応は，非現実化されているものが多く，対象を過剰に良いものに仕立て上げたり，過剰に悪者にしてしまうなどの操作がおこりやすいこと（投影）が示されている。現実の対人関係は，こうした内的な操作を要する不安のために，ごく安全な対象に限定されるか，回避傾向になりやすいことが推察される。

5）自我機能水準とパーソナリティ傾向

　本テストからは，現実検討力には問題がなく，表面的には社交的に振舞う力はあるものの，内面には，上述のような心性が潜んでおり，病態を考えると高水準の境界的水準（BPO）の心理構造を持っていると考えられる。

　理想化傾向の強さは，自分の内面にある攻撃性・邪悪さ・狡さなどの否定的な感情を自我の中に統合することを拒んでおり，このために安全な基地の中で，自分を運営することで身を守っている人と思われる。基本的な性格に，やや偏りと硬さを残していることが推察される。この安全な距離を保てないことから，臨床症状につながり，援助を必要とする状況が推察されてくる。しかし，職業選択は，こうした性格を生かしたもので，本人の社会適応を助けていると考えられる。

　内科医の判断も，身体疾患というよりは精神的な問題と判断され，精神科の主治医も，症状の不安発作が，青年との恋の破たんという心理的ストレスから来て

いることは納得し，神経症範囲の症状と水準であると判断されている。そして，なお続く症状は，以前から抱えている依存対象との問題や葛藤であることが，心理アセスメント（ロールシャッハ法，SCT）から推察されることになる。

　もう 10 年以上，本人の中では解決済みとなっていた問題が再燃していること，それは境界水準の不安や，攻撃性の問題で，なお昇華・対策が必要であるということが理解されてきた事例になる。こうしたパーソナリティ特性から，対人関係を避けた形で適応を図りつつ，社会生活を積み上げて，40 代を迎えようとしている女性の，特性としての理解が進むことになる。

　この心理検査の結果から，カウンセリングを勧められ，躊躇いはあったものの，自分で自分を見つめていきたいという自己理解力に押されてカウンセリングが開始された。

　この事例は，思春期以降，20 代前半に業界で活躍し評価を得たものの，さらに激しい競争の中に身を置くことを良しとせず，一歩引いた形で適応を図るすべを身につけ，恋人とひっそりと暮らしていくことで，10 年ほど安定を得ていたことが語られる。ライフサイクルが進み，30 代後半になり，同居していた恋人に下女のように尽くしてしまう自分が嫌になり，同居を解消し，生活は一歩前進していったようである。しかし，まもなく新しい恋が始まり，妊娠し，恋が不調に終わり，不安発作という身体化がおこり，その不安に対応するために，元の恋人に頼ることで，何とか安定を得ていた状況が見えてきたのである。カウンセリングでそうした自分との折り合いをつけながら自己理解が深まり，症状の安定と共に，仕事上の自己研鑽のエネルギーも充填されて，40 代後半へ向かって進んでいかれた事例である。

　成人期のライフステージにあり，中年期に差しかかり，青年期あるいはそれ以前の問題を抱えながらそのステージを歩みつつ，身体化症状を示し，神経症範囲の自我機能の低下を示した事例であると理解される。ライフステージを上ろうとしていくつかの試みをしたものの思い通りにいかず，対象との依存関係についての問題について，心の整理をし直して，次のステップへ進んでいかれた事例と考える。

2. 事例K

40代男性。臨床診断＝うつ病

国立大学を卒業し，大手企業の技術職として入社。順調に仕事をしていたものの，30代後半になり昇進したとき，上司から叱責を受け，部下の対応にも困ることが多くなり，「気持ちが晴れない。疲れた感じで集中力がない。首・肩・背中が凝る。夜眠れず食欲も落ちている」ことが続き，大学病院を受診し，上記診断のもと何回か休職を繰り返している事例。40代になってもまだ復調せず，「どうすれば自分がコントロールできて，仕事ができるようになるのか。ふつうの自分を取り戻せるのか知りたい」と希望し，検査依頼に至った事例。「職場の上司との関係に強いストレスを感じることが多く，板挟みになって，つらい」，「それは自分の能力が足りないと感じることも多く，追いつめられる」と訴えていた。

テスト目的：主治医より心理療法も視野に入れ，その前段階として心理検査依頼
臨床像：検査前の主訴の確認では「意欲が低下している。やる気がおきない。張り合いがない」と言い，検査への期待について「意欲の出るような動機になれば。自分がどうすればコントロールできて仕事ができるようになるのか。普通の自分が取り戻せるようになるのか知りたい」と語る。検査中，カード回転はなく，図版から一定の距離を保ったまま施行。質問段階でテスターが質問すると，しどろもどろになったり，反応が曖昧になることが多かった。

Summary Scoring Table：

TR = 29	W：D = 20：7	F% = 45　F+% = 77
Rej = 0	W% = 69	ΣF% = 93　ΣF+% = 67
R1T（NC）= 7″2	D% = 24	R+% = 62
R1T（CC）= 27″8	M：ΣC = 6：2.5	H% = 45　A% = 38
MDC = X, 45″	FM+m：Fc+c+C′ = 6.5：2.5	At = 0
	Ⅷ + Ⅸ + Ⅹ /R = 17	P = 6
	FC：CF+C = 1：2	CR = 6
	FC+CF+C：Fc+c+C′ = 3：2.5	DR = 8

スコアからの理解：

＊反応数は29個。各々の反応については，外界把握力は妥当で観察力や表現力
　もあり，反応をよく説明しようとする姿勢が一貫している。Ⅰカードで9個の
　反応が示され，その後のカードでは2―3個の反応にとどまっている。課題に
　対し，過緊張になる様子が示されている。全体反応が多く（W% = 69），課題
　を与えられると統合的に対処しようとする頑張りがある。反応の現実検討を求
　めると，客観性を重視（ΣF% = 93，F% = 45）する姿勢が前景にあり，合理的に，
　知性的に説明して，相手も自分も納得させていこうとする姿勢が一貫している。

＊合理的で，知性的で，冷静で，客観的な外界対処を心がけているものと思われ
　る。

＊しかし，色彩や陰影など，情緒刺激に出会うと，不良形態反応も示され，前述
　の姿勢が崩れ，Ⅱカードでは「血便が出ている」，「血を吐いている」などと生々
　しく情動が露呈してしまうときがある。さらに，次の反応では「神か仏が空中
　で向かい合っている」と急速に過度に知性化された部分反応が示されている。
　この自我機能のアップダウンの幅が大きい。冷静で，知性化された立ち位置か
　ら，急速に不安や不快に包まれてしまう自我機能の脆さがある人と考えられる。

＊人間運動反応や動物運動反応は詳しく述べられており（M = 6，FM = 4），向性
　は内向傾向を示している。内側で本人なりにあれこれと考えている傾向が示さ
　れている。

＊普段は，知性的にやや強迫的に自己統制し，知識や表現力を駆使して「中世期
　に描かれた絵」，「鳥獣戯画のような動物が描かれているよう」などと，知力の
　あるところを示しながら課題を対処していく姿勢が示されている。しかし，無
　力感に包まれると，これを知性化で補おうとし過ぎて，統合不全になることが
　繰り返されがちで，この自我機能の極端さや，自己統制力のムラが本人を苦し
　めているのではないかと推察される。

　　反応継起を含む所見は以下のようである。

1）臨床上の気分の晴れなさよりは，活発な内面

　　反応数も多く（TR = 29），各反応を知識や言葉を尽くして説明する知力と知識

はある人。Xカード「鳥獣戯画のような動物が戯れる図」, IXカード「ザリガニが釜でゆでられている。火とエビを合算してイメージで鍋と思った」, VIIIカード「トラかライオンよりは小さくて, レッサーパンダよりはもう少し大きい。ちょっと名前が出てこない。アシカじゃなくて陸上で歩いているアライグマとかの足の感じ」などと表現する。現実検討を求めると, 形態の説明を細かくして, 言葉や知識があることは伝わるが, 連想は非現実化したものになりがち。テスターが, その表現の曖昧さを追求することが多くなると, 自分の発想を確定することが出来にくく, 次々と連想が変化しながら羅列されたり, 空想化・抽象化が多くなる。自由な連想が許されている検査場面なのだが, 連想は次第に非現実的なものに流されがちな傾向がある。主張したいものや, 主体的な自己主張があると思われるが, しっかり主張しきれないというテーマと傾向が推察される。

2) 知的で合理的でやや感情閉鎖的な表面の構えと, その鎧が取れるとき

II・IIIカードのように赤い色彩が混じるカードでは, たちまち「血便が出ている」, 「血を吐いている」などと, 生の衝動が加工なく露呈してしまう。そしてその後に, 急速に視点を部分に区切って「神が空中で対話している」, 「近代以前の建物の絵」などと, 不安や衝動を分離・知性化している。この極端な情動の統制の不全と, 失敗に対する対応は, 本人の中でうまく収まりきれず消化不良になっていることが推察される。こうした取り扱いかねる不安や衝動は, split されて, 本人の中で統合できないまま, 知的で有能な自分という鎧のほころびとなっているのではないかと推察される。

また, IVカードのような陰影カードでは「生き物の脱皮の絵」, 「着ぐるみから人がでてくる絵」と, 変容していくことのテーマが示されている。変容するつかみどころのない不安定な感覚に圧倒されて, これを詳しく説明している。本人はこの流動的で不安定な自我状態をどう取り扱ったらよいか, 扱いかねているのではないかと思われる。

3) personality 傾向と自我機能の水準について

セルフカードとして, 反応数の多かったIカードを選択している。理由を問うと「なんとなく…少し違う？…飛び立って, まあ少し主役になりたい。主役のイ

メージですかね」と述べており，生産性高く頑張ろうとする自分を選択している。しかし，その内容は本人が期待するほどの説得力のある生産性には結びつかない現状で，本人が期待する評価を得ることはできず，不全感や葛藤状況の持続につながることが推察されることになる。

　この事例は，ロールシャッハ法上は，内的エネルギーは臨床診断よりもあることが認められ，うつ状態ではあるが，本人の願望と見合わない現状の葛藤状況が続いていてストレスが大きい事例と考えられる。本人は知力のある様子を示したいと頑張っているが，本人が自負するほどの成果は上がらず，何か変化したい，状況を変えたいという焦りばかりが高いことがうかがわれる内容となっている。
　本人の期待する「自己実現」というテーマからは距離ができ，抑うつ状態を通過することが出来にくく，持続するパーソナリティの問題がある事例ではないかと推察されてくる。15 年ほどの社会経験がありながら，職位が上がったときのストレスがきっかけで，本来本人が抱えていたテーマが浮上し，適応不全や，葛藤状況から脱出しきれない様子が推察されてくる。
　SCT 検査からも「うつうつとしていた父が，50 代過ぎに起業し，生き生きと暮らしている様子を遠目に見ながら，自分自身の姿を重ね合わせてみる」と，父親に同一化したい様子が記述されていたり，「妻は子どもを欲しがっているが，そうできない」などの記述もみられ，40 代を葛藤的に過ごしながら，自分自身が父親になることへの葛藤も強いようで，まだ自分の中で葛藤が解決しない現状にあることが読みとれてくる。
　成人期・中年期のライフステージの葛藤・テーマは，それ以前のライフステージの葛藤や，問題の積み残しを解決していく場でもあり，解決できないまま次のステージへ持ち越してしまうことも多くあるのではないかと思われる。

　事例 J は，自己理解から積み残しを解決していく方向へ動き，カウンセリングを続けながら元の恋人との距離に少しずつ変化が起き，二人の関係も苦しくないあり方を模索し，症状も収まって次のライフステージへ進んでいった例と言える。
　事例 K は，次のステージへの足掛かりがまだつかめていないようで，50 歳から先の初老期へ葛藤が引き続いて，問題が繰り越されそうな事例と考えられる。

「ライフステージと心理検査アセスメント」について考えるとき，まず被験者の自我機能水準を査定し，パーソナリティ傾向の査定などを合わせて，症状を理解していくことの大切さがあると考える。中村（2015）も，「病態水準自体も，病期によって変わることもあり，いくつかの心理検査を組み合わせることに拠って，その見立てはより深いものになる。ロールシャッハ・テストだけでなく，SCT や SHTP，バウム，風景構成法なども役に立つ」と述べている。特に SCT は本人の言葉で書かれており，その表現方法や，表現能力と共に，本人の考えが述べられていることからより理解が進むことになり，臨床実践では大いに活用したいものである。

ロールシャッハ・テストはそれを施行したときの，知的機能の様子，自我機能の様子，対人関係機能の様子，適応機能の様子などを査定するものであるが，事例 J，K のように成人期のライフステージの中で，15 年から 20 年ほどの社会生活を行う力があり，エリクソンの言う自我同一性の獲得はありながら，なお，その時々のテーマで葛藤や悩みが深まり，基本的な対象関係の在り方の偏りが表面化し，心気的な形で不調を表したり，抑うつ的で元気のない状態が持続することもある。その有り様をきちんとアセスメントし，それぞれのライフステージの課題と合わせて理解し，臨床に役立てていける読み取り力を養いたいものである。

【参考文献】

加藤志ほ子・吉村聡（編著）（2016）ロールシャッハ・テストの所見の書き方．岩崎学術出版社．

小此木啓吾・馬場禮子（1989）新版 精神力動論──ロールシャッハ解釈と自我心理学の統合──．金子書房．

中村晃士（2015）精神科医は心理検査を臨床にどう活かすか．心の科学，184，41-45，日本評論社．

岡本浩一（2014）心理学──心のはたらきを知る──（コンパクト新心理学ライブラリ）．サイエンス社．

Rorschach, H.（1921）*Psychodiagnostik: Methodik und Ergebnisse eines wahrnehmungsdiagnostischen Experiments*. Bern: Verlag Hans Huber. 鈴木睦夫（訳）（1998）新・完訳 精神診断学．金子書房．

【コメント】紡ぎ織りなしを可能にする心理アセスメント

坂井　新

　平野啓一郎の小説『マチネの終わりに』には，「人は，変えられるのは未来だけだと思い込んでいる。だけど，未来は常に過去を変えているんです。変えられるとも言えるし，変わってしまうとも言える。…」と，主人公に語らせる場面がある。筆者は「未来は過去を変えることができる」という言葉が，普段営む心理臨床活動に，そのまま当てはまると考えている。今を起点とする心理検査の実施は，受ける人の過去の体験や記憶の集積にアクセスすることから，その後の未来を変えていくためのツールとして，使い方によってはとても優れているといえる。とりわけ，私たちは臨床活動において，「人は，変えられるのは未来だけだと思い込んでいる」という冒頭の言葉のように，人の過去を辿り振り返ることで，その人の未来をより良く変えることこそ，当たり前と思い込んではいやしないか。ここで問いたいのは，起点とする今ここから始まる未来が，その人の過去を変えるという視点を持って心理アセスメントされるのであれば，より深みと厚みを持って心理支援が可能になるのではないかという視座である。

　今回加藤先生の講演を拝聴し，我がこととして成人期・中年期を辿ると，エリクソンの心理社会的発達論は，前述のような未来と現在，過去の考え方を含みうる理論であると，あらためて捉え直すことができた。そこで，エリクソンの心理社会的発達論から「世代継承性」と「相互性」の理解を踏まえた上で，心理アセスメントを発展的に論じ，このシンポジウムが開催された大会の「世代と領域が織りなす心理アセスメント」というテーマに沿う形でコメントに代えたい。

　エリクソンの貢献は，フロイトの心理・性的発達段階論という一者心理学的な発達論を，アイデンティティ概念を主軸に，個人心理と社会のかかわりへと移したことにある。換言すれば一者から二者，そして社会へとつながるエディプス三項関係をも含みうる相互的関係の文脈へ書き換えることで，人の一生を幼少期から老年期までにわたって包括的に捉え直したといえる（Erikson, 1959, 西平・中島訳 2011; 1982 村瀬・近藤邦夫訳 2001）。諸段階には“基本的信頼⇔基本的不信”“自律⇔恥・疑惑”“アイデンティティ⇔アイデンティティ拡散”といった対立命

題が配置されおり，一般的には，前者は過去から現在というリニアなベクトルの適応的発達を措定する。後者については，以前の段階で取り残された個人的課題が引き継がれてしまうと，アイデンティティ拡散といったクライシスに陥る，と理解し臨床的に役立てることが多い。ちなみに，加藤先生は，この考え方を背景にして事例を提示されている。

　繰り返すが，エリクソンの理論においてⅥ期からⅦ期の特徴を一つ挙げると「世代継承性」であり，全世代を通してのキーワードは「相互性」である（Erikson, 1982 村瀬・近藤邦夫訳 2001）。「世代継承性」には，単に上の世代が下の世代へと受け継ぐという側面と，先行する世代は今の自分に影響を及ぼしうる存在であるという視座が含まれると考えることが重要である。Erikson（1959 西平・中島訳2011）は「年長の世代は年少の世代を必要とする。それは年少の世代が年長の世代に依存していることと同じである。…年長と年少の世代が発達していく際のこうした相互性の中でこそ…個人の自我発達と社会的プロセスの重要な共同作業の成果となり，維持される」と述べている。筆者が考えるに，個が存在する社会とは，それぞれの個に先行する他者であり，その他者は現在や過去の私に影響を及ぼして変化をうながすという相互性を含んでいる。フロイトの発達理論では，未来の自分は，自分の過去/現在の後に立ち現れるしかない。エリクソンの理論では，まずは社会という他者が想定されることで，そして未来の自分は先行する誰かによって現在の自分の内に立ち現れてくる，のである。したがって，成人期から中年期は，先行する世代の誰かとの内なる対話と，前述したエリクソンの言葉にあるように，現実の年長の世代は年少の世代を必要とするのである。こうした逆も真ならぬ継承の逆説性を伴う，世代間同士が同期的に絡まりあう内外の体験が重要になってくる。まとめるなら，この時期は，位相と次元の異なる両者の相互性がクリティカルポイントとなり先鋭化する時期としてとらえることができるのである。

　ここで，臨床場面で度々遭遇するテンプレート的事例と重ね合わせて，よりこの時期の理解を深めてみよう。ある女性は，自らの心身を子育てに捧げることに没頭し続ける日々を超え，ようやく子どもの独り立ちが垣間見られ始めた。ホッとした矢先に，不眠や身体的不調から更年期の問題が生じ受診に至った。ある男性は，仕事では業績を上げるという生産性ばかりを追い求め個人プレイであった。出世とともに上と下に挟まれる中間管理職としてマネジメントを要求される役割

を引き受けるようになると，なぜか電車に乗れなくなり受診となった。

　成人期から中年期とは，社会／個人的な生産性を背景にした人間的成長が続く時期から，外側では社会的責任性が高まり，内側では継続される生産性へのより重い責任と，老年期に突入した親世代への責任性も帯びてくるものである。こうした内外における過渡期に差し掛かり，心身ともに転換が図られていく時期でもある。自分の立ち位置を中心として全方向から多様なストレスが同時的に迫ってくることから，心身の危機へ陥るきっかけが生じる時期であるとも理解され，それが俗に中年危機として捉えられてきたと言える。

　前述の事例のように，女性が若い時期に結婚をして家に入ることで，男性は仕事が中心を占める社会生活において成長するというようなライフステージのテンプレートは，いささかジェンダー規範としても画一的なものである。一昔前の日本の社会文化背景が色濃く反映されており，多様さを要求される今を生きる我々にはそぐわない印象を与えるのではないだろうか。しかし，案外実際の臨床現場では，こうした時代背景の規範を，内的に抱え込み囚われてしまっている患者に度々出会う。彼らは，親から今に不釣り合いな強烈な社会的規範を引き継ぎ，現実生活とのギャップに苦しみ，現実適応を追い求めるあまり，内実に目を向けることを避けていることが多い。それによって彼らは症状化という憂き目にあい，我々の臨床現場を訪れることになる。この視点から，加藤先生が取り上げておられる事例を眺めてみるなら，現代的な成人期・中年期の典型的側面が浮き彫りになると考えられる。

　事例Jの女性は，公には現代的に仕事をする自立を感じさせるが，内的には女性は子どもを出産し育む内助の功的存在であるべきといったジェンダー規範を抱えているように思える。自らの囚われる規範に盲目である彼女は，プライベートでは男性に尽くしてしまう面を繰り返し，あるとき規範を超えるかのように行動化する，が再び内的な規範に回帰しまう。そんな中で生じた女性性の傷つき体験を発端にして抑うつ状態になり来院した，と理解できるのである。心理アセスメントの実施が，成人期から中年期にさしかかる自分を見つめ直す契機となり，女性／人として真の自分らしさを追い求め，規範を拭い去ることを模索する必要があったのではないかと想像できる。事例Kも，中年期を手前にした，社会生活を中心に生きる典型的な男性の在り方のように思える。技術職としての仕事ぶり

は有能であった彼が，職場の要請から人のマネジメントを余儀なくされ無理やり脱皮を促されて，適応性を失いかけてしまったと考えられる。彼は外的状況にしか目を向けなかったが，内への視点を持ち得るために，上からの強烈な叱責という侵入体験をきっかけにし，内外のズレに葛藤的になりうつ状態になり来院したのではないか。自分よりも前の世代の人たち，それは上司に反映されるような現実の父親や内なる父として理解できる。その前の内外の世代との関係が規範としてあることに目を向け，輝かしき過去の自分への回帰ではなく，諦めながら新しい自分に進む必要があるのだろう。

　エリクソン（Erikson, 1959 西平・中島訳 2011）は，「他者との親密な関係を築くためには，自分自身の内的資源と親密な関係を築く必要がある」または「真に二人であることの条件は，まず一人ひとりが自分自身にならなければならないという事実を，懸命に洞察することにこそ，その解決がある」と述べている。これは，人が社会公共的な関係性を成立させるには，個人が内的な過去から現在，そして未来の他者として立ち現れる自分との対話を通してのみ自己になりうる，と読み替えることができる。ならば，成人期・中年期というステージを概観し，最後に心理アセスメントは何ができるのか考えてみたい。

　各事例は，先行した世代からの亡霊[1]への囚われに発する，社会を背景にした内的規範が，前後の世代との現実的対人関係を通して，立ちあらわれては消える陽炎のように自分を苦しめていると読むことができる。言い換えれば，内外の他者との相互関係が必ず課題として登場するのが，成人期から中年期の特徴なのだ。繰り返すが，両者には現実社会／社会という他者が位相と次元において相互的であることに目を向ける必要があったのである。そして，彼らは心理アセスメントという社会場面の第三者が登場する体験契機によって，治療関係や心理療法といった内外の新しい相互性に開かれることとなったと考えられる。

　つまり，臨床実践の心理アセスメントとは，このような内外の他者との対話への開けの契機になる体験を共にすること，なのだと考えるのである。

---

1)　通常，心理学的に"亡霊"が使用される場合，自らの中で一旦埋葬したはずの他者が亡霊となって繰り返し立ち現れるという外傷的な文脈で理解されることが多い。この理解も含めおきながら，暦年齢が先行している現実的他者から引き継がれる内的拘束をも視野に入れた，未来から過去というプロセス性を包摂したメタファーとして，ここでは理解していただきたい。

　最後に，筆者が実際の臨床実践のアセスメントにおける自分なりの姿勢について お伝えして筆をおくことにしたい。

　最近の臨床現場では，エビデンスが強調されるために，一般化され汎用／効率 性を重視し，かつ視覚数量化することで誰もが理解しやすい結果を導き出す心理 検査が求められる。このような現場では，手続きも複雑で相応の経験も要求され るロールシャッハ・テストといった投影法の実施は敬遠される傾向にあると耳に する。ここには，新自由主義的な効率化と生産性をより求める現場の切実なる要 請と，もう一つはこうした背景を口実にしがちな臨床家側の姿勢の問題も孕んで いるのではないかと考えている。実践現場での心理臨床家にとって，一つの専門 性を担保する心理検査というアセスメント道具が，人のこころという無形のもの を計るための測定器具だけに成り下がってもよいのだろうかと憂いてしまうので ある。確かに，先述した実践現場の要請に従わざるを得ない実際があることも理 解できる。しかし，それこそ我々が自ら墓穴を掘っていやしないか，と問いたい。 前述したように，筆者の臨床実践の心理アセスメントへの姿勢は，対象者が自ら の内外の他者との対話への開けの契機になる体験を共にすること，に尽きる。こ の姿勢からすると，心理検査とは契機への開けを可能にする心理アセスメントの ための一つのツールなのである。ちなみに字数の都合上詳述しないが，対話の体 験を共にするためのアクセスを，最もすぐれて可能にするものが，ロールシャッ ハ法なのではないかと考えている。

　したがって，心理アセスメントとは，正解を求めるような客観的結果指標とい う側面を一部に含み入れながら，対話を共にする臨床的営みとしての姿勢を要請 するものであり，こうした要請に応えうる専門性を有するのが心理臨床家なのだ， と自戒も込めて再確認しておきたい。

【参考文献】

Erikson, E. H.（1959）*Identity and the Life Cycle*. New York: International Universities Press. 西平直・中島由恵（訳）（2011）アイデンティティとライフサイクル．誠信書房.

Erikson, E. H.（1982）*The Life Cycle Completed: A REVIEW Expanded Edition*. New York: W. W. Norton & Company.　村瀬孝雄・近藤邦夫（訳）（2001）ライフサイクル, その完結〈増補版〉. みすず書房.

平野啓一郎（2016）マチネの終わりに．毎日新聞出版社.

フィードバック（コメントを受けて）

加藤志ほ子

　まずは坂井先生に，「成人期・中年期の心理アセスメント」についての全体的なお話を，わかりやすくお話しいただきながら，当日私が提示した事例の理解を深めていただいたことに感謝申し上げたい。平野啓一郎の小説『マチネの終わりに』の例を引かれ，人の「過去」や「未来」に対する主人公の語りから，心理検査や心理アセスメントについて考えられており，その思考の幅の豊かさからコメントが始められている。

　「今を起点とする心理検査の実施が，受ける人の過去の体験や記憶の集積にアクセスする」というのはその通りで，それぞれの心理検査を通して，今の機能を査定し，これからの支援に役立つようにそれを伝えていくという視点で，成人期・中年期によくみられる事例を紹介しながら，当日のお話をさせていただいた。さらに先生は，「今ここから始まる未来が，その人の過去を変えるという視点を持って心理アセスメントされるのであれば，より深みと厚みを持って心理支援が可能になると考える」と述べられている。

　またエリクソンの貢献について，フロイトの発達論からの歴史的変遷を，詳しく記述していただき，シンポジウム当日に私が話し切れていない部分を述べていただいた。フロイトの発達理論では，未来の自分は，自分の過去/現在の後に立ち現れるしかない。エリクソンの発達理論では，未来の自分は社会という他者が想定されることで，そして未来の自分は先行する誰かによって，現在の自分の中に立ち現れてくる。そして，成人期から中年期とは，まずは内なる先行する世代の誰かとの対話と，次に現実の年長の世代が年少の世代を必要とするような，位相と次元の異なる両者の相互性がクリテイカルポイントとなり先鋭化する時期として捉えることができると解説していただいた。そして，その視点からシンポジウム当日にお話しした事例を読み説いていただいた。

　このような視点を加えると，高橋靖恵先生が企画されたこのシンポジウムの題

にある「ライフステージを臨床的に理解する」というテーマを，「縦糸としての世代」と「横糸としての心理支援の多様な領域」から論ずるという課題に，ようやく一歩近づけたのではないかと思われる。自我心理学的理解・力動的理解では個人の内界の力動について知り，その自我機能の退行の様子や水準に加えその人の自我機能の機能しやすいところやしにくいところ，その人らしさについて査定し，さらに対象関係も含めてアセスメントを進めていくものであるが，そこへ社会という他者を想定したり，先行する誰かをも含めたものとして，その相互性を考えていくというスタンスは，クライエントの理解を深め，より厚みがあるものとなると考える。

　コメントに刺激されて，これもお話ししたかったこととして，成人期・中年期にいながら他世代（青年期）のテーマが遷延している事例へ連想が進んだ。事例Jや，事例Kのような，あるいは坂井先生がお話しくださったような，現代的な成人期・中年期の典型側面が浮き彫りになっている事例の他にも，最近のクリニックでは，年齢的には成人期・中年期にはあるものの，青年期あるいはそれ以前の問題を引きずったまま，親世代に守られて，この年代を過ごしている事例も多く経験する。例えば，大学を卒業し一旦は幼稚園教諭として数年ほど働く経験がありながら，体調不良を理由に定職に就かず，本屋のアルバイトや塾講師も長続きしないで何年も過ぎてしまい，なお体調不良で将来の目標を決めかねている事例や，歌の指導や小説を書くことはぽつぽつするものの，継続して働くことができず，昼夜逆転がちの生活になり，正規職に就かなければと思いつつ日々を過ごし，安定した睡眠や家族との調和のとれないことからクリニックの受診に至ることがある。こうした状態が続き，気づいたらもう10年あるいはそれ以上になり，30代半ばを過ぎても出口の見えない状態から脱出できない事例も多くみられる。彼らは思春期・青年期に描いた自己像が手に入らず，「未来」の自己像も描くことができず，皆よりは個性と力があるという「過去の自分」に囚われていたり，その時々に登場する他者との交流の中で彼らなりの囚われが，坂井先生の言われる「陽炎のように」本人を苦しめているようでもある。世の中に出たときの自分の「今」を肯定できず，「未来」へ向かえないまま半ば引きこもった生活を送って成人期・中年期を過ごしている。「縦糸としての世代」が縦糸として張り切れ

ていないため，それぞれの人生が織り進まない状態にある事例も見かける。

　また，一見「縦糸が張られている」ように社会生活が送られていながら，「過去の体験や，記憶の集積に囚われている」ため不調がおこりやすい事例も経験する。小学校の教員（専科）として経験を積んできた 40 歳近い独身女性が，勤務先の男性主任とその教育内容の在り方について協議するうちに混乱し，鬱状態となり，適応障害の診断を受けるに至った事例がある。主任に自分の能力の豊かさを承認されたくて，あれこれと主張をしてみるが，主任はそれを認めず，むしろ細かい不注意を指摘されることもあり，気分が落ち込み，不安定になり，受診に至っている。この年代特有のストレス反応のように思われた事例であるが，生活史の中に，幼少期にたいへんストレスフルな事件に巻き込まれた経験があり，そのPTSDがあるのではないかとも考えられる事例でもある。幼少期の経験は深くしまい込まれ，思春期を通過し，成人期も十数年社会人として通過していながら，仕舞い込まれていたものが，中年期になって，相手からの承認を強く求めたいときに，形を変えて賦活し，本人を苦しめているようである。「人生の縦糸」はしっかり張られているものの，「横糸」の不全箇所が青年期よりもずっと前の過去にあり，その人の人生の織物が一見織りあがっているように見えても，不全箇所があり，その修復が必要になった事例と考えられる。

　また，事務職として勤務を続けているが，夫に問題があり，離職したり，事業を立ち上げたり，浮気をしたり，借金がかさんで自己破産をしてしまうなど，共同生活をしていくには生活しにくい夫と，生活を共有し，自分も「抑うつ状態」を呈し，服薬などしながら 40 代 50 代を過ごしている女性の事例がある。子どもがいるため，夫に問題がおこってからも中学・高校・大学生として息子を育てることを中心に過ごしている事例である。本人の抑うつ状態は夫の離職，浮気の始まりの頃の症状で，症状は改善したもののストレス状況は続いており，最近では離婚も視野に入れながら，夫は生活費を入れないのに，冷蔵庫の中の食べ物や飲み物が減ってしまうストレスに耐える生活を続けている事例がある。簡単に離婚独立に至らないで，仕事を続け，時にヨガや旅行を楽しむ自我機能の強さの奥には，幼少期に精神疾患で亡くなった父や，その父や自分を支えた母との歴史があるようである。

　このように幼児期や最早期の経験が，その人の自我の有り様に大いに影響し，

学童期や思春期を通過した後の成人期・中年期にも影響を及ぼしていることが，心理アセスメントを通して推察されてくることもある。

　また，彼らを見守る親世代の葛藤も深いものがあると推察され，これは次の世代（老年期）のテーマとも重なりあっていくものと思われる。心理アセスメントから理解されたことを，親子の問題として家族へフィードバックがなされたり，クライエントを巡る夫婦関係の問題として理解が進むものもある。クライエント個人の力動の理解に加えて，彼らを取り巻く家族や社会の力動も世代を超えて関与してくると考えられる。

　坂井先生は，臨床実践の心理アセスメントについてのお考えを，「臨床実践の心理アセスメントとは，内外の他者との対話への開けの契機になる経験を共にすること，に尽きる」と述べておられ，臨床姿勢がしっかりと打ち出されており，臨床実践の豊かさと深さを感じさせていただいた。シンポジウムのテーマについてより明確にしていただいたばかりでなく，より広く縦糸について話すきっかけも作っていただいたと感謝している。

第4章

老年期の心理アセスメント

西尾ゆう子

はじめに

　現代の老いを生きる人の姿は多様である。医学の進歩により多くの人が健康に年を重ねることが可能になった。「高齢者」といっても 65 — 100 歳以上まで幅広く，「老い」や「老年期」の実態をひとくくりに表すことは難しい。

　日本老年学会の「高齢者に関する定義検討ワーキンググループ」(Ochi et al., 2017) は，65 歳以上の疾患発生率や要介護率，総死亡率，身体的老化や心理的老化などのデータを継時的に検討した結果，現代の高齢者は 10 年前に比べて 10 年ほど若返っているとして 65 歳から 75 歳をプレ・オールド（准高齢者）と呼ぶことを提言した。いずれ多くの人が 70 歳を超えて現役で働き続ける時代が来るだろう。55 歳以上を「老年期」に設定したエリクソンのライフサイクル論(Erikson, 1963) と比べると隔世の感があるが，今後も日本，そして世界における「老年期」の様相は変化し続けると思われる。

　高齢者人口が増えるに従い，医療・保健・福祉といった高齢者臨床の現場における心理職の活動も実践・研究両領域において広がりを見せている。2018 年には「高齢者や高齢者を取り巻く人々に対する心理的支援に関心を持つ人々が，科学的な根拠に基づいた心理学を基礎に，高齢者の心に向き合い，研究活動を行うこと」(松田，2019) を目的に「日本老年臨床心理学会」が設立された。日々の臨床現場で「老いのこころ」に向き合う多職種が集い交流する学術的な場はこれまでになく，未開拓の領域が多い老年期のこころの理解が深化することが期待される。学会誌創刊号の中で長嶋 (2019) は，老年臨床心理学の中で「最も大事なこと」として「高齢者を対象にしたカウンセリングの研究および実践」を挙げている。心理職が担うべき課題と可能性は大きい。

　筆者が高齢者臨床に関心を持ち始めた大学院生の頃，恩師から「高齢者の心理

臨床は“応用編”だから，まずは臨床の基本を身につけることが大事」と言われたことがある。当時の筆者は，どのような意味で「応用」なのかいま一つわかっていなかったものの，まずは「基本」を習得すべく老年内科や精神科，心理療法機関で実践を重ねてきた。その中で，高齢者の心理臨床に独特の難しさがあることを実感するようになっている。本章では，その難しさも含めて臨床的アセスメントという観点から高齢者臨床の特徴について述べていきたい。

1．老年期の臨床的アセスメント

　高齢クライエントを対象にアセスメントを行う現場は，精神科，神経内科，認知症外来を中心とした医療現場や地域に根ざした保健福祉の現場，そして公的・私的な心理療法機関など多岐にわたる。各現場によってアセスメントの技法や目的は異なるが，セラピストに共通して必要な視点や資質とはどのようなものだろうか。

　北山・黒川（2009）は，老年期の心理療法を行うセラピストに求められることとして，①高齢者の心理臨床への否定的な偏見を超えて，老年心理学に関する適切な知見とトレーニングを通して各セラピストが高齢者の心理的特性を理解すること，②心理療法のアプローチに精通し理論の特性を把握すること，③臨床家自身の老年観の醸成，の 3 点を示している。黒川（2005）はまた，自らの臨床実践を元に老年期の心理療法の過程を論じる中で，心理療法の基本であるセラピストとクライエントの二者関係を大切にすることと，クライエントを取り巻く家族やソーシャルサポートシステムを視野に入れたチームアプローチの視点を持つことの重要性を指摘する。

　また，米国で長く高齢者臨床の実践と研究を行っている Knight は，セラピストが限られた一部の高齢者との個人的な経験や，専門家としての経験に基づいた「手持ちの知識」だけで高齢者に対処することは老化のプロセスについて誤解を招き，時には高齢クライエントを傷つけてしまう事態につながることもあると述べ，さまざまな文献から知識を得ることや専門的な訓練を受けることを勧めている（Knight, 1996 長田監訳 2002）。Knight はまた，高齢者の心理的問題は身体的，社会的問題と共存していることが多く，これらに加えて認知症の問題がかかわる

ため一層複雑であると指摘し，①社会的文脈（Context），②コホート（Cohort），③成熟（Maturity），④個別チャレンジ（Specific Challenge）という4つの視点から高齢クライエントの問題を理解することを唱えている。これら4つはCCMSCモデル：文脈的・コホートベース・成熟・個別チャレンジモデルとしてまとめられており，アセスメントを行う際の理論的枠組みとして多くの臨床現場で参考になるものである。

　このような知見を参考にすると，高齢者臨床の現場で働くセラピストには，傾聴という基本的な専門性やクライエントの生きてきた歴史に対して関心を持つことに加えて，老年期特有の身体的・認知的・心理的問題に関する知識と感性を携え，家族やソーシャルサポートといったクライエントを取り巻く周囲と連携しうる資質が求められていると言える。そこで次節では，身体・認知・心の視点から，老年期特有の問題について詳しく述べていきたい。

1）身体の視点

　身体と心はどの年代でも密接にかかわっているが，高齢者はその境界が曖昧で分かちがたく，身体と心の危機が重なりやすい。これまで何事もなく暮らしてきた人でも，身体が調子を崩すと連鎖的に心も調子を崩し総体的に生活の質が落ちていくことがある。その反対に，心の不調が身体の不調につながることもある。たとえば，心の機能が著しく低下して精神病症状が出ている場合や，認知症が疑われる行動をしている場合でも，食事内容を改善して栄養を補い，ゆっくり休息できる住環境を整えることによって著しく改善することがある。すなわち，高齢者の「身体の状態」や「生活機能」に関心を寄せて具体的な情報を得ることや，それらを含めたアセスメントによって援助の方針を立てることが必要である。

　何を優先的に支援した方が良いのかを判断するためには「身体疾患に伴う精神症状」や「薬物療法の副作用」などの知識が求められる。すなわち，セラピストが総合的な視点と知識を携えて「身体」や「生活」を専門とする他職種と連携することや，「心を見る」ことの専門性を発揮しながらも決して「心だけで見ない」ことの重要性は強調してしすぎることはないだろう。

　さらに，「身体」にかかわるもう一つの問題として「加齢による身体変化と心の関係」がある。一般に「膝が痛い」，「腰が曲がってきた」などの加齢による身

体症状は,「年をとったから仕方ない」という前提で深く省みられないことが多い。しかし，身体症状の訴えの背後には死の現前化による「抑うつ」や「不安」が隠れていることもあるため，アセスメント場面で述べられる「ありふれた身体の訴え」に耳を傾けることは重要である。たとえば，「膝の痛み」に対して，長年付き合ってきた膝だから不調が出てもおかしくない，無理せず動くようにしようと労わりの気持ちで痛みを受けいれる人もいれば，「まだまだ若いつもりなのに」とショックを受け，このままどんどん老けていく自分を想像して落ち込み，外出にも消極的になる人もいるのである。

　あるいは，初対面の相手に「困っていること」を尋ねられたとき，心奥にある思いを打ち明けることには躊躇するが，身体のことなら話しやすいという人もいる。「身体に痛みがあることで，あなたの生活にどんな変化がありましたか」,「痛みのせいで気持ちが落ち込むことはありますか」など，身体の話題を糸口に生活や心の状態を尋ねてみると，自然な流れで相手のニーズを汲み取りやすい。心身の不調は辛いことであるが，それをきっかけに適切な援助者と出会うことで生活の質が向上したり，自分自身を見つめ直す契機を得たりすることもある。援助者は，心身の危機をいかに生かしていくかという視点を持ち，個々の感じ方の背景を推察しながら身体と心の声に耳を傾けたい。

2) 認知の視点

　老年期の臨床現場では，認知症の鑑別にかかわる検査は心理職が担う重要な領域である。テストバッテリーは現場の方針によりそれぞれであろうが，高齢クライエントにできるだけ負担をかけないよう必要最小限の検査で精査することや，他職種やリファー先でも利用可能な検査結果の作成が求められることは共通している。検査を主体とした現場以外でも，認知症へのアンテナは張っておくことが必要である。約束した日時の間違い，申し込み用紙への記入の様子，服装や振る舞いなど，ノンバーバルな情報も含めてアセスメントする側の「違和感」がアンテナとなる。

　筆者が「臨床的なアセスメント」の難しさを実地で学んだ初めての現場は，ある大学付属病院の「もの忘れ外来」であった。家族に連れてこられて嫌々認知機能検査を受けている人と相対すると，検査者である筆者も緊張した。自ら望んで

検査を受けている人の中にも,「どうして自分にこんな簡単なことを聞くんだ」と怒り出す人や,「間違っていますか？　あっていますか？」と回答する度に不安になる人,切々と暮らしの窮状を訴えて大幅に検査時間が延びてしまう人など,対応に困る場面が多々あった。そもそも,診断補助として行われる検査では医師がフィードバックを行うため,検査者は限られた時間の中で正確に検査を行う"職人"になることを求められる。ややもすると数多くの検査を「こなす」ことで精一杯になる状況の中,「認知症ではないか」という不安を抱えて病院を訪れている高齢者一人ひとりのこころに寄り添うことは,臨床の仕事を始めたばかりの筆者にとって大切なことと頭では分かっていても,実際には困難に感じられた。

　そのような現場で,筆者が尊敬する先輩の女性検査者がいた。彼女は,正確に検査を行う技術に加えて,被検者の不安や緊張を言語的・非言語的に受けとめる姿勢が際立っていた。質問に回答できずショックを隠せない人に「全部正解しなくても大丈夫ですよ。次の質問に行きますね」と笑顔で声をかけ,気持ちの切り替えをさりげなく促してテンポよく進行させていく。和やかな雰囲気のうちに検査は終了し,別れ際には「ああ,検査だけど楽しかった。久しぶりに頭を使った気がする」と笑顔で検査の達成感を語る人もいた。あるとき,その先輩に日頃心がけていることを尋ねたことがある。彼女は,検査によって被検者が「できなさ」に向き合うことが必要であることや,それと同時に「間違えても大丈夫」と感じる体験も大切に考えて言葉を選んでいること,さらに,その人の醸し出す不安や緊張の度合いによって相槌の仕方を変えるといった工夫を長年の経験から自然にしているようだった。

　筆者にとって,非日常の検査場面だからこそ,日頃は目を背けがちな「できなさ」に向き合うことができるということや,だからこそ「間違えても大丈夫」と肯定する姿勢を積極的に示すというのは新鮮な発見であった。当時の筆者は,被検者が検査場面に持ち込む不安や緊張に巻き込まれ,自らの役割を見失っていたのである。そこには恐らく,身内が認知症になったという個人的経験も影響していただろう。検査の意義や検査者としての役割を改めて自覚して以来,程よい心の距離を保ちながら検査を進めることと,被検者の気持ちを受けとめることの両方のバランスが徐々に取れるようになり,検査を行うことが苦にならなくなったのである。

　限られた時間の交流ではあるが，検査者のあり方は被検者の認知症に対する感じ方やかかわり方にもつながっていく。検査者は，被検者が「できるはずなのに，できないこと」に直面する場に居合わせる他者として，肯定的かつ中立的に存在できると良いのではないだろうか。そうすることによって，目の前の人の心に寄り添い，時と場に応じた「臨床的なアセスメント」が可能になると思われる。

3)　心の視点

　老年期固有の心理的問題については，黒川（2008, p.49）が述べる7点がたいへん参考になる。それは，時間の有限性，重要な他者の多くが他界していることによる悲哀と孤独感，ライフステージ全ての心理的問題が再浮上する可能性，過去の他者との関係性が再現され転移・逆転移が生じる可能性，生育史における不可知の領域が多いこと，意味や価値を求める方向性と，意味や価値から解放されたいと願う方向性が存在すること，別れに立ち会う機会が多いこと，である。上記に通底するのは死のテーマである。これらについて若いセラピストが十分に「理解する」ことはたいへん難しいことである。黒川はまた，セラピストに求められる姿勢として「不可知の領域に敬意を払いつつも，圧倒されないよう軸足をしっかりと地につけ，曖昧さを引き受ける覚悟をもつ」ことを説いている。限界を弁えながら腰を据えて話をよく聴くことは，心理療法の基本でもある。セラピストが自身の力を発揮できるよう，心身の状態を整えて臨みたい。困ったときに相談できるスーパーバイザーや同僚の支えを得ることも必要だろう。

　高齢クライアントに心理的援助を行う際のアセスメントでは，他者に「心のケア」を求めて来られること自体が，クライアントの持つ資質の一つとして見立てられる。その機を捉えて生かすことができるよう，「どういうことで困っておられるのか」や，「どういうきっかけで心理療法に来られたのか」を細やかに聴取したい。以下に，カウンセリングや心理療法場面で出会う高齢者の特徴をさらに挙げていく。

　（1）自ら心理療法を希望する人の中には，「自分のこと」ではなく「家族のこと」を主訴にする人も多い。意識的な来談理由が自分の問題とも家族の問題とも分かちがたいクライエントにとって，早急な心理検査の実施は誤解を招くため，心理検査を使わずにアセスメント面接を行うことになる。高齢者が自分のことを

おいて子や孫のことを心配するのは，将来のある自分の子孫のことを見ている方が，残された時間の少ない自分自身について考えるよりもはるかに良いという面もあるだろう。これについて，死の否認と捉えることもできるが，自然な心の動きの一つとして捉えていく方が良いのではないか。セラピストは早急に答えを出すのではなく，さまざまな可能性や疑問を自らの内に抱えながら会う姿勢が求められる。

　（2）面接の中で身体症状の話題が多い。あるいは，「転んでしまって外出困難になった」，「病気が見つかり入院することになった」など，身体症状を理由にした突然のキャンセルや中断もある。セラピストは，アセスメントの中でクライエントの身体状態について配慮を要する点を確認しておくと良い。面接の中で話される身体の話題については，心的なものとして捉える意識と，身体症状そのものとして捉える意識のバランス感覚が必要である。

　（3）枠組みの工夫が必要となる。（2）に挙げた身体症状の影響で，面接頻度が定まらないことがままある。また，セラピストがクライエントのベッドサイドに出向いたり，介護施設内でカウンセリグを行う際には，その場，その時に応じた設定を工夫する。セラピストへの贈り物など心理療法の原則から外れる行動については，行動の背景にある思いを理解する必要がある。たとえば，クライエントが大切にしている「お歳暮」の文化を背景にした贈り物もあれば，「前回話し過ぎてセラピストに負担をかけてしまったのではないか」というセラピスト－クライエント間の二者関係を反映しているものもある。クライエントの気持ちを受けとめつつ，カウンセリングにおける中立性のルールと意味を分かりやすく伝えていく工夫が求められる。

　（4）異なる世代との出会いへの戸惑いに配慮する。自分の話に耳を傾けられる機会の少ないクライエントにとって，年若い「先生」に自分の思いが本当にわかってもらえるのだろうかという不安は切実なものである。先述したKnightのCCMSCモデルの中にも含まれていたように，セラピストがクライエントのコホート：世代性を意識することは，コミュニケーションを円滑にする一つの手段である。それは，クライエントの生まれたときから現在までの日本社会の様相を発達段階に沿って想像することと，時代に共通する心理的課題を捉えておくことの2つのプロセスからなる。具体的な例は次に述べる事例の中で解説するが，た

とえば筆者は，クライエントの年齢から逆算して，クライエントが小学校を卒業する頃が終戦の年にあたるというふうに考えていく。そうすると，クライエントがどのような時代の空気を吸って乳幼児期から青年期までを過ごしてきたのかをイメージしやすくなる。その頃に流行した音楽や文化にも触れておくと，ふとした話題の折に役に立つことがある。

　以上，老年期特有の身体的，認知的，心理的問題について述べてきた。次に，心理療法場面における高齢者のアセスメントについて，事例を挙げて述べていきたい。なお，これらの事例は個人情報保護のため複数事例をもとに筆者が作成したものである。

2. 事例L　70代女性L　心理療法機関における有料面接

　Lは来談に至るきっかけとして，「いい年の娘が結婚せず家にいることを夫が詰る」と話し始めた。夫が退職して家にいる時間が増えたので，娘と衝突することも増えている。娘の将来を心配したLは「身を固めて幸せになってほしい」とお見合いを勧めたが，娘からは拒否されてしまった。娘への対応策を教えてほしいというのがLの主訴であった。

　まず，世代性の観点から検討すると，Lのような70代前後の世代は「24時間働けますか」に象徴される高度経済成長期の日本を支えた世代である。男性は外で働いて稼ぎ，女性が子育てを担う家族のあり方が一般的であった。男性の子育て参加は限られた時間の中で行われてはいたが，「外で抱っこ紐を男がするのは恥ずかしい」といった価値観が主流であった。そうした世代に共通する心理的課題として，男女を問わず退職後の人生を「パートナーとどのような関係を作っていくのか」，そして「まだまだ現役でいたいけれど，これから社会の中でどこに居場所を見つけ，何に生きがいを見出して生きるのか」を問う人が多いようだ。

　セラピストがLの娘と同世代の場合，「身を固める」，「いい年をして」という言葉に象徴されるLの結婚観は馴染めない価値観かもしれないが，娘の立場ではなくLの立場で状況を理解することが必要である。そのためには，可能な範囲でLの生育歴や結婚生活を聴取することが役に立つと思われる。Lの語る生育

歴は次のようなものであった。

　Lは4姉妹の末子として生まれたが，もの心ついたときには父親は出稼ぎで不在で，父親のことを知らずに育った。夫と見合い結婚し娘を授かって一生懸命育てたものの，夫は仕事一筋で家に帰ってこなかった。そんな夫をどう扱って良いかわからず，喧嘩も多かった。今になってようやく夫も家にいるようになり，ご飯を一緒に食べる相手がいてよかったな，と思えるようになってきた。Lにとって子育ては良い経験だったので，娘から「お母さんとお父さんを見ていると結婚したいと思わない」と言われてショックを受けた。

　Lの生育歴から推察されるのは，Lが原家族での父親との関係性を夫婦関係で再現したのではないかということである。異性と親密なかかわりを結ぶという成人前期の「親密性の課題」に取り組む機会がなく，中年期まで子育てにエネルギーを注いで過ごしてきたLは，老年期にさしかかり，いつしか娘の人生に自分の影響が影を落としていることに驚き心を痛めているのではないか。つまり，娘のことを主訴にしているが，むしろ夫との関係性が「裏テーマ」ではないかと思われる。

　面接室の中では，こうした世代継承の「影」の部分によく出会う。自分の未達成の課題の影響が意図せず次世代に伝わってしまうため，伝えたいものではなく伝えたくないものが伝わってしまうが，それは自分でもどうしようもできなかったことである。なぜなら自分もまた，親世代の影響を受けているからである。セラピストは，Lは自分がこれまで棚上げしてきた問題をどうにかしないと大切な娘の人生が狂ってしまうと，藁にもすがる思いで相談機関を訪れているのではないかと見立て，面接では「娘とのかかわり方，夫との関係性のあり方」をともに考えていくという方針を立てて進めていくことになる。

　Lが示した娘への思いは，Erikson（1950）の造語で中・高齢期特有の心理的発達である「ジェネラティビティ」として考えられる。ジェネラティビティとは，高齢者が次世代に対して持つ関心であり，「経験や知恵を伝えたい」，「次世代をケアしたい」，「生きた証を残したい」という思いとして現れるが，必ずしもその思いが次世代にうまく伝わるとは限らない。田淵（2018）は，高齢者が自分の経験を若者に伝えようと利他性を発揮するとき，若者からは「ありがた迷惑」とみなされ，結果的に「利己的」な行動となることもあることや，若者が拒否的な態

度をとることで高齢者の「若者非難」に拍車がかかり，世代間の隔たりを一層広げる原因にもなりえることを指摘する。さらに田淵は，どのようなときに高齢者の利他性が次世代にうまく働き，両世代の心理的変化にポジティブな影響をもたらすのかを実験によって探求した結果，高齢者が「次世代が自分と同じ失敗を犯さないように」という負の継承を断ち切る知恵の方が若者に感謝されることや，高齢者が次世代を導き確立することへの関心であるジェネラティビティは，そうした自らの失敗を基にした利他行動に対して次世代から「感謝された」と感じた場合に向上するというサイクルがあると述べている。

　Lと娘の間にあるすれ違いは，Lが自らの「負の継承」にどのように向きあえばよいのかわからないことに起因するところが大きい。心理療法を通して自らのあり方や夫婦関係を見つめ直すことによって，新しい家族のあり方がLにも娘にも開けてくることが期待される。

3.　事例M　80代女性M　心理療法機関における有料面接

　やつれて力のない印象のMは，「夫を亡くした今，これからどうしたら良いかわからない」と話し始めた。Mは数年前から糖尿病を患い，病院選びや通院の送り迎えなどを含めて生活の多くを夫に頼っていた。また，病気の不安で起き上がれなくなる朝もあったが，そうした不安も全て夫に聞いてもらっていた。その夫が急に具合が悪くなり亡くなってしまった。まさか先に夫が逝ってしまうとは思わず，今は寂しさで夜も眠れないため娘の家にいるが，娘家族とそりが合わず居心地が悪いという。早く帰って一人の生活を始めなければと思うが体が動かない。「今も夫は出張しているような気がしている」と涙ながらに語る。娘には「父親を亡くして辛いのは皆一緒で，お母さんが後ろを向いていたら皆が暗くなる。お母さんの身体のことも心配だから，一度専門家に相談してほしい」と言われてきたという。

　初回面接では，Mは突然夫を亡くしたショックに加え「居場所」をなくして強い不安を抱えていると見立てられる。老年期を過ごすにあたり，自分がありのままでいられる他者と作る「居場所」はとても大事だが，核家族化が進む現代で

は，パートナーを亡くした後，子どもや孫に夫の代わりは果たせるはずもなく，また望むべきでもなく，孤独と不安に襲われる人は少なくない。

Mは6人兄弟の長女として生まれ，幼い頃に病気で母親を亡くし，思春期青年期は兄弟の母親代わりとして，またお見合いで結婚してからは夫や姑に尽くしてと，家族のために多くの労を割いてきたという。そこから立てられる問いは，次のようなものである。幼いMは母親の死をどのように体験したのだろうか。夫の死がそのときの体験を活性化していることはないだろうか。また，実娘との関係からいえば，自分が姑にしたようには自分に尽くしてはくれないことに納得いかない思いがあり齟齬が生まれているのだろうか。とは言え，一番頼りにしているのも娘であり，これからどのような関係を作っていくかが大事になっていくのではないか。

セラピストは以上のような問いを抱えながら，まずはこの面接が「心の居場所になること」という方針を立て，Mが夫の喪失を抱えていくプロセスに寄り添い，新たな生活を送っていくための下支えの面接を行うこととした。また，連携する心療内科の受診を勧め，睡眠や感情の落ち込みについて薬物療法を用いて経過を見守ることとなった。

ここで重要なのは，セラピストの欲望ではなく，クライエントの全体像を捉えて心理療法のスタンスを決めていくことである。人格変容を目的として自身の問題に直面するように探究的にかかわる面接は，しばしば大きなエネルギーを必要とする。それよりも，崩れた心のバランスを取り戻し，残された生活を穏やかに送るための下支えの面接，クライエントが生きる力を発揮するために何でも話せるための心の居場所が求められていることも多い。心の探索に重きをおく心理療法のモデルにとらわれず，現実的な状況に配慮し，クライエントのニーズを確かめながら進めていくことが必要である。換言すれば，クライエントの心的バランスの取り方を理解し，どの程度心のふたを開けるのか，そうでないのかを考えながらかかわっていくことを心がけたい。

他方，高齢者を対象にした心理療法の事例報告の中には，インセンティブなセラピーによって無意識の次元まで心の探究を行い成果を上げているものもある。たとえば，70代男性に精神分析を行ったSegal（1958）は，クライエントが示していた精神病性の破綻の根底には死への無意識の恐怖があると理解し，分析に

よってクライエントは人生で初めて体験する穏やかな境地に到達したと報告している。このような事例報告からは，人間の本質的な心の変化に年齢は関係ないということがわかる。セラピーにおけるかかわり方は年齢を理由に決めるのではなく，アセスメントを行う中でもっとも適切なかかわりの深さを決めることが重要であることを指摘したい。

　世代性の観点から検討すると，Mのような80代女性の場合は「男性をいかに立てるか」，「姑にいかに尽くすか」など，自分を犠牲にして周囲を大事にする生き方が要請された時代を生きた人である。別の言い方でいうと「家」や「体裁」を気にする生き方が染みついている人が多い。これは戦争中の「お国のため」のメンタリティと通じるところがあるのかもしれない。さらに，MやMより上の世代の人の話をよくよく聞くと，戦中戦後の混乱の中で最早期における喪失体験を経験していたり，喪失体験のある母親に育てられていたりすることが分かることもある。老年期は，老年期特有の課題だけではなく，人生早期から積み残してきた個人の心理的課題全てが活性化するが，昔のことは語られることが少ない。そのため，セラピスト側の理解が後からついていかざるをえないことが多い。その空白の部分を補うためにも，セラピストが「世代性」を理解しておくことは，現在の問題につながるさまざまな可能性を連想するための素地として役に立つのである。

　ここまで，2つの例を挙げて高齢クライエントのアセスメント面接について述べてきた。そこでは，家族の関係性を紐解き，主訴の背景にある「裏テーマ」を推察する力が求められていることや，世代の異なるセラピストが会うとき，クライエントの世代性を捉えながら問いを立てていくことが役に立つこと，そして世代から世代へ意図せず伝わってしまう世代継承の影の部分をいかにまなざしていくかが鍵となることを述べてきた。

おわりに——他世代との関わりをまなざす——

　最後に，高齢クライアントと他世代との関わりについて論じたい。老年期の臨床的アセスメントでは，死を含み込んだいのちの連なりの中でクライアント存在を捉える視点が求められる。それは，クライアントが「孫世代」そして先に他界した大切な他者からなる「あの世世代」とのつながりをどのように捉え生きよう

としているのかを理解する視点とも言える。以下に「孫世代」,「子ども世代」,「同世代」そして「あの世世代」と老年期の関わりについて特徴的な点を述べていく。世代ごとの特徴を踏まえることは,個別事例に対する際にも有効であろう。

　まずは,乳幼児期,児童期などの「孫世代の関わり」から述べていこう。高齢者に孫が誕生すると「祖父」,「祖母」と呼ばれる立場になる。それは喜ばしいことである反面,「自分もそんな年になったのか」と,人生の持ち時間がいよいよ短くなったことを実感するきっかけにもなる。新しいいのちを前にして「この子が何歳になるまで自分は生きられるのか」という思いが胸に去来する。

　しかしながら,高齢者は,孫世代から喜びを得ることができる。それは死の現前化を一時忘れさせてくれる妙薬である。メラニー・クラインが「人生の後の段階での満足するひとつの方法は,若い人々の快楽,とりわけ自分の子どもたちや孫たちの快楽を自分の快楽の代理として楽しむことの中に見つけられる」(Klein 1960 深津訳 1996 p.130) と述べているように,乳児が乳を吸い満たされていく様子は,見ている者の原初的な「快」の記憶を呼び覚ます。あるいは,「歯が生えた」,「歩けるようになった」など,「できること」が一つずつ増えていく若い世代の成長を共に喜ぶことができるのであれば,「できないこと」が徐々に増える現実に沈みがちな老年期の心をどれだけ明るくすることができるだろう。さらに,「自分がこの世を去った後もこの子どもたちが元気に成長していくだろう」,「時には自分のことを思い出してくれるだろう」と,いのちのつながりを信じ得ることは,絶望することなく死に向き合うことを可能にする。このように,高齢者と孫世代の関わりは,「心理的に深く関わりを持ちつつ,具体的には深く関わらない」という「一歩ひいた距離」を保ちながら,希望と信頼で結ばれることが可能である。なお,遠く離れて頻繁に会うことがかなわない関係や,血のつながりがない関係でも,その意義と重要性に変わりはないと思われる。

　しかし,教科書通りにはいかないのが人の世の常である。臨床先では,孫に対する祖父母の関わりが過干渉である事例や,反対に,孫からの暴言・暴力を含む否定的エネルギーが祖父母に向けられる事例にも出会う。あるいは,高齢クライエントから孫世代の活躍への嫉妬や,孫世代からも見捨てられているような疎外感が表されることもある。目の前のクライエントに寄り添いながら,どの時期の心理的問題が背景にあるのか,複数世代の中で何が起きているのかを考える複眼

的な視点が求められることは言うまでもない。

　次に，中年期を生きる「子ども世代との関わり」について述べる。子ども世代との関わりは，「依存」をめぐる葛藤を抜きには語ることはできないのではないか。高齢者が「子ども世代に心配をかけまい」，「死ぬまで元気にいたい」と思っていても，人間である限り病気や怪我は避けられない。そのようなとき，誰にどのように頼るのかが問題である。現代の高齢者は，自分は親世代の世話を担ったものの，「同じ苦労を子どもに負わせることはできない」と「世話を遠慮」し，老後の居場所を家族とは別に求める人もいる。老いは決してきれいごとでは済まないのを身にしみて知っているからこそ，子ども世代との葛藤を避け良い関係を保つため，サービスとしての介護にお金を払うのである。他方，一昔前より選択肢が増えてきたとはいえ，介護のあり様は周囲の都合で決まっていくことも多い。「自分ごと」になるまで本当の辛さはわからない類の葛藤が，依存せざるをえない者にも，依存を引き受ける者にも発生する。第三者であるセラピストは，当人の心の真実を理解しようとする姿勢を保ち傾聴することしかできないが，「こんなはずじゃなかった」という思いを含むあるがままの気持ちが受容される体験をきっかけに，切実にもつれ合い熱を帯びた家族の関係性が変容し，それぞれに受け入れられていくこともある。

　高齢者同士の「同世代との関わり」は，みな等しく老いを体験しているという連帯感で特徴づけられる。筆者が出会った高齢者から，「70代には70代の体験，80代には80代の体験」があり，それぞれ「なってみないとわからないことがいっぱい」だから，「腰が痛い，膝が悪いなど，色んなことをツーカーで話しあえる仲間との時間」は貴重であると教えていただいたことがある。「月に1回，愚痴とご飯を持ち寄って友だちと会う時間」や，「縫い物をしながらおしゃべりする時間」といった，インフォーマルな集まりを楽しみにしている人もいれば，地域の高齢者施設のサークル活動で仕事や子育てに忙しかった時代には知り得なかった人との交流を楽しむ人もいる。同年代との関わりを大切にすることができる力もまた，孤独感を和らげ，自分では思うようにならない老いのプロセスを生きていく上で重要な資質であろう。対照的に，自他の境遇を比較したり，自分の「老い」を認められないがために他者との交流を避ける事例もまま見受けられる。美醜や若さへのこだわりは，現役時代の心のよりどころでもあるため手放すことは

難しい。何かに固執して自分を主張せざるを得なかった個々の事情が十分に理解され，和らぐような心理的援助が望まれる。

最後に，「あの世世代」との関わりについて述べる。すでにあの世に逝った大切な他者との関係性である。老年期に通底する死のテーマを考慮する上で，目に見えない「あの世世代」との関係性も，個人の「老い」や「死」と向き合うあり方を決定する要因の一つとして見過ごすことはできない。いや，実は目に見えないこの関係こそ大切なのではないか，と思われる。

老年期は，個人の中で「死につつある」という感覚が活性化する時期と捉えられる。死が身近なものとなりゆく感覚は様々な情緒を引き起こす。それらの情緒は既に「あの世」にいる重要な他者や，重要な他者との関係に投影されていく。たとえば，「母の死に方は穏やかだった」と感じられる人や，「何かあると心の中で先に逝った夫に相談している」，「ご先祖様にいつもどこかで見守られている気持ちがする」と語る人は，「死につつある」感覚に圧倒されることなく今に足をつけて生きていることや，他界した大切な他者とのつながりによって自分も生かされている感覚を持っていることがうかがえる。個人の死生観には，大切な他者との別れの体験が詰まっている。高齢クライアントが抱える死の恐怖や孤独感がどのようなものかを推察するとき，「あの世」にいる大切な他者の存在を抜きに考えることは難しい。

これまで，老年期と他世代の関係性やその特徴について述べてきた。老いはひとりで生きるものではない。他の世代とともに生きていく居場所，すなわち，自分が主体的に関われる関係が「この世」にあると感じられるかどうか，また，「あの世」世代とともに生きているという安心感が心の内にあるかどうかを理解するということが，臨床的なアセスメントの「肝」ではないかと考える。

【参考文献】

Erikson, E. H.（1950）*Childhood and society*. New York: W. W. Norton & Company.
Erikson, E. H.（1963）*Childhood and society, 2nd ed.* New York: W. W. Norton & Company.
北山純・黒川由紀子（2009）高齢者への心理療法アプローチと老年期心性の理解——深層心理学と実証主義的心理学の比較の試み——．上智大学心理学年報, 33, 69-77.
Klein, M.（1960）On mental health. In Klein, M.（1975）*The writings of Melanie Klein, Vol.3.* London: Hogarth Press and the Institute of Psycho-Analysis. 深津千賀子（訳）(1996). 精神

的健康について．小此木啓吾・岩崎徹也（責任編訳）メラニー・クライン著作集5. 誠信書房．

Knight, B. G.（1996）*Psychotherapy with Older Adults, 2nd ed.* Thousand Oaks, CA: Sage Publications. 藤田陽子（訳）長田久雄（監訳）（2002）高齢者のための心理療法入門． 中央法規．

黒川由紀子（2005）老年期の心理療法．老年精神医学，16, 1299-1303.

黒川由紀子（2008）認知症と回想法．金剛出版．

松田修（2019）編集後記．老年臨床心理学研究．1, 59.

長嶋紀一（2019）老年臨床心理学の可能性と課題1 日本老年臨床心理学会設立の意義． 老年臨床心理学研究．1, 8-14.

Ouchi, Y., Rakugi, H., Arai, H., Akishita, M., Ito, H., Toba, K., & Kai, I.（2017）Redefining the elderly as aged 75 years and older: Proposal from the Joint Committee of Japan Gerontological Society and the Japan Geriatrics Society. *Geriatrics & Gerontology International, 17*, 1045-1047.

田渕恵（2018）「老い」と次世代を支える心．心理学ワールド，82. 17-20.

Segal, H.（1958）Fear of Death: Notes on the analysis of an old man. *International Journal of Psycho-analysis*, 39 (2-4), 178-181.

【コメント】過去を生きる──かつて子猫だったものたち──

西　見奈子

　西尾氏は老年期のアセスメントにおいて肝になる理解として「あの世世代とともに生きているという安心感が心の中にあるかどうか」と述べている。「あの世世代とともに生きている」というのは印象的な言葉である。そこには，生と死を包含する時間感覚を感じさせる。

　臨床心理学における老年期を考える上で，圧倒的な存在感を示し続けているのはやはりエリクソン（Erikson, E. H.）であろう。西尾氏も論考の中で度々引用している。中でも『老年期』（1988）は古びることのない名著である。最初に断っておきたいのだが，私は西尾氏のように老年期研究の専門家ではない。精神科病院や個人オフィスの臨床の中で老年期の方々とかかわる機会はあるが，ごく一般的なものである。これまでに心理アセスメントや心理面接を通して出会った老年期の患者の数もそれほど多いものではない。そのため，ここでは西尾氏の論考について，エリクソンの考えを借りながら，心理アセスメントという行為が老年期の人たちに何をもたらすのか考えてみたい。

　エリクソンは『老年期』（Erikson, 1986 朝長・朝長訳 1997）の中で，老年期が始まる年齢については特に定義していない。『老年期』の邦訳者である朝長（1997）は，エリクソンがよくとりあげるヒンドゥー教の「世界の維持」の仕事から引退したときや，老化に伴いがちな失能力，機能障害，社会的能力障害が現れるときをエリクソンが想定しているのではないかと指摘している。いずれにしても老年期の始まりの前提として，今まであったものが失われるということが考えられていると捉えることができるだろう。そうして失い，衰えていく先にあるのは死である。

　ご存知の通り，エリクソンはライフサイクルを8段階に分け，それぞれの段階で課せられる課題を設定した。最後の8段階目にあたる老年期の課題は「統合と絶望」であり，そのバランスから生まれる力は「英知」とされている。そこでは過去の出来事と折り合いをつける作業が必要とされる。エリクソンはこれを「死に向かって成長すること」とも表現している。先に紹介した西尾氏の言葉にも近

い，生と死が折り重なる感覚がここにもある。エリクソン研究に造詣の深い哲学
者の西平（2005）は，こうした過去の出来事に折り合いをつける作業「結局長い
目で見ればあれで良かった」に，老年期特有の時間感覚を見出している。そして
「過去の方から現在に向かって時が逆流し始める時期への転換があるのかもしれ
ない」と述べている。エリクソンも老年期では時間との関係が変化すること，よ
り具体的には「時間との関係が緩む」ことを指摘している。エリクソンは言う。

　　　幼児にはなくて老年者が備えているものは，長い歴史と物語という泉に満々
　　と貯えている強い力である。時間の蒐集家，記憶の保存者として，それなり
　　にふさわしい能力を持つ老年期に至ったこれらの健康な老年者は，彼らが生
　　きてきた時間というものを持っている。

　彼らの時間感覚は私たちとは異なる。赤ん坊が「今」に没入していることや青
年が「未来」を憂いてばかりいるのとは明らかに違う。彼らの眼差しが過去に向
けられることと，遠くない未来に死が在ることは決して無関係ではないだろう。
それを死の恐怖の否認として捉えることも可能かもしれない。人は恐怖よりも希
望を見たいものである。老人にとって未来を見るよりは過去を見る方が安心なの
かもしれない。しかし，おそらくそれだけではあるまい。人生という区切りある
スパンの中で，彼らはこれからよりもこれまでの方がずっと長い。蓄積された過
去の長い時間は，時間との関係を変化させ，彼らに過去を見せる。今を見ても過
去を思い出し，未来を見ても過去を思い出す。すなわち，老年期にある人が物事
を思考する際には，未来や今との結びつきは緩やかに解かれ，過去が圧倒的な存
在感を持って，その思考にかかわってくると考えることができるかもしれない。
　こうした老年期特有の時間感覚を念頭に置いたとき，一つの疑問が生まれる。
それでは，「今」を測る心理アセスメントは彼らに何をもたらすのだろうか。彼
らが，切り取られた「今」を知ることにどのような意味があるのだろうか。そこ
にはどんなに頑張ったとしても損なわれた自分の姿が映る。西尾氏が紹介してい
る尊敬する先輩の女性検査者が心理検査を行う場面を思い出してほしい。彼女は，
質問に回答できずショックを隠せない被検査者に「全部正解しなくても大丈夫で
すよ。次の質問に行きますね」と笑顔で声をかけ，気持ちの切り替えをさりげな

く促してテンポよく進行させていく。そして，彼女が日頃から心掛けているのは，「間違えても大丈夫」と感じる体験を大切に考えて言葉を選ぶことだという。これらはつまり，心理アセスメントが彼らに「できない」ことを認識させる場でもあることを示している。だからこそ，笑顔で声をかけることが必要であり，テンポの良い進行がその傷つきを和らげるのである。西尾氏はこの尊敬する先輩の態度から，被検者が「できるはずなのに，できないこと」に直面する場に居合わせる他者として，肯定的かつ中立的に存在できると良いのではないかと述べている。

　西尾氏のこの意見をもう少し膨らませて考えてみることとしよう。詩人であり小説家のサートンによる著書『回復まで』（1980 中村訳 2002）は，老年期の日々を記した日記である。美しい文章で綴られるのは，陰鬱な静寂の中で体験される微かな希望と，その希望が繰り返し失われていく深い悲しみである。

　　わたしはよく墜落感を感じる。それも夜中にそうなって目が覚めると，もう眠れなくなってしまう。かつては，確実で，頼りにできて，いつもそこにあると考えていたものが，消えていき，私たちもそれとともに必然的に消えていくという感覚——大地それ自体も枯渇し，海とそこに棲む魚や動物たちもゆっくりと消滅してしまう。

　不安の中，彼女は悪夢を見る。水草か下等動物のようになって，よどんだ水に浮かんでいる夢である。長い根を下ろして必死で滋養分を求めて彼女は漂う。希望は枯渇している。

　エリクソンは，人が衰弱したときにとるべき道は，他者の同情を信頼し，世話をしてくれる人の中にどれほど誠実な人がいるかを知って驚く，という生き方しかない，と述べている。そこでエリクソンが引用するのは，ヒンドゥー教から引用された猫のイメージである。それは，母猫が子猫を口に咥えたとき，子猫が全ての緊張を緩め，四肢をだらりとさせて母性的な慈愛を無限に信頼するという姿である。これは実にうまい表現である。小猿が母猿にしがみつくでもなく，子カンガルーが母カンガルーのポケットに入るのでもなく，母象が長い鼻で子象を後ろから押すのでもない。口に咥えられるという，加減を間違えれば噛み殺されてしまうかもしれない行為に身を委ねるところには，絶対的な信頼がなければなら

ない。

　エリクソンは，人類がこれをできるようになるようには一生涯練習が必要だと
述べている。

　失うことは悲しいことである。フロイトは『無常』（Freud, 1915 本間訳 2010）
という短いエッセイの中で，失われたものを諦めないことが喪の悲しみだと述べ
た。失われていくものにしがみつかずに，四肢をだらりとさせ，子猫のように身
を預けた方が，人生の歓びを享受できるものなのかもしれない。さらにエリクソ
ンはこれを解放とも呼んでいる。他者を信頼することは解放されることなのであ
る。

　他者への信頼—つまりこの姿はエリクソンが定めたライフサイクルの最初の段
階の課題に他ならない。患者にとって，心理アセスメントを通して，自分の「衰
弱」を知らされることは，こうした依存，すなわち他者への信頼が生じる機会で
あることも私たちがぜひ心に留めておきたい。それは自身の弱さを引き受け，他
者から安心を得ることができる心のあり方である。ここで，彼らの過去は彼らを
引き寄せるかもしれない。なぜなら老人たちは，かつては子猫だったのである。
老人たちも，私たちも，何もできずただひたすらに母親を信頼し，その腕の中で
抱かれるしか術のないときがあった。聞かれてもうまく答えられずにもどかしさ
と悔しさでいっぱいになるときがあった。私たちはかつて物事をうまく行うこと
ができなかった。彼らが体験しているのは，誰もが体験したことのある過去の姿
である。そこでたとえ具体的な子ども時代のエピソードを思い出さなかったとし
ても，感覚的に（これは無意識的にと言い換えても良いことだろう）過去の再体
験がなされるに違いない。彼らはそこで子猫になって母親に咥えられる感覚を再
体験するのである。そのようにして再び過去を生きる，そして過去を生き抜くと
いう心の作業は，統合と呼ぶに値するものだろう。

　老年期にある彼らが何らかの問題を抱えて病院を訪れた際，検査室で体験した
心理アセスメントが，彼らの蓄積された時間によって消化され，やがて彼らの人
生に収納されていくということを考えるなら，それは状態を数値化する以上の豊
かな意味を帯びて，私たちに見えてくるのではないだろうか。

【参考文献】

Erikson, E. H., Erikson, J. M., & Kivnick, H. Q.（1986）*Vital involvements in old age*. New York: W. W. Norton & Company. 朝長正徳・朝長梨枝子（訳）（1997）老年期——生き生きしたかかわりあい——（新装版）. みすず書房.

Freud, S.（1915）*On Transience, S.E.14*. 本間直樹（訳）（2010）無常. フロイト全集, 14. 岩波書店.

西平直（2005）教育人間学のために. 東京大学出版会.

Sarton, M. (1980) *Recovering: A journal*. New York: W. W. Norton & Company. 中村輝子（訳）（2002）回復まで. みすず書房.

フィードバック（コメントを受けて）

西尾ゆう子

　西美奈子先生には「心理アセスメントという行為が老年期の人たちに何をもたらすのか」という視点でコメントをいただいた。老年期のアセスメント場面に生じる無意識の交流や老年期特有の時間感覚について，心のひだに分け入って描き出していただいたことに心から感謝を申し上げたい。

　本文で私は，心理アセスメントの限界について述べた。よほど熟練した臨床家でない限り，高齢者が積み重ねてきた長い歴史や培ってきた資質を，わずかな時間で十分に理解することはできないだろう，と。しかし同時に，限られた時間であっても，私たちのあり方によって何かを伝えることができるとも信じている。その“何か”について西先生は，「患者にとって，心理アセスメントを通して，自分の“衰弱”を知らされることは，こうした依存，すなわち他者への信頼が生じる機会であることも私たちがぜひ心に留めておきたい」と述べている。

　心理アセスメントは，高齢者が，自分自身が衰えていく存在であることを受けいれるプロセスの入り口であるとともに，信頼できる他者を自らの生活に招き入れるきっかけとなることを，この言葉は示している。たとえば，検査を受けに来る人は「いつかは赤ちゃんのように人から食べさせてもらったり，お尻を拭ってもらったりするんだろうけれど，今はまだ自分でやれるかな」という気持ちと，「もう，一人では限界かな」という気持ちの間で揺れ動いているのではないか。また，検査後には「運転免許を返して，必要なケアを受けよう」と諦めがつく人もいれば，あるいは，「もう少し，一人でやれそうだ。でも，いざとなったら誰かに頼ろう」と気持ちを立て直す人もいるのかもしれない。

　そのような機会に立ち会う者として，私たちは臨床家としてどのようなあり方が求められるのだろうか。正解はわからない。だが，人の世を長く生きてきた大人の威厳と，生きるために周囲に頼らざるをえない乳児の寄る辺なさが混じり合う存在に，私たちは皆，いつかなるのだ。その事実を踏まえて，もし自分だったらどんな人にアセスメントしてもらいたいか，と想像することから始まるのではないかと今の私は考えている。

第5章

ライフサイクルとロールシャッハ法をめぐって

小川俊樹

　本書出版のきっかけは，京都大学で開催された日本ロールシャッハ学会第23回大会でのシンポジウム「ライフステージを臨床的に理解する心理アセスメント」である。そして，筆者はこのシンポジウムで指定討論者を務めた。したがって，本来ならばシンポジストの各発表への質問なり意見なりを書くべきであろうが，本書では各発表に対してのコメントが別途用意されているので，広くシンポジウムのテーマであるライフサイクルとロールシャッハ法について考えてみたい。

　本大会のテーマは「世代と領域が織りなす心理アセスメント」である。医療領域，産業領域，そして司法・犯罪領域における心理アセスメントがワークショップで取り上げられたが，この領域というのは言わば横糸であり，空間性を扱っていると言えよう。一方，シンポジウムのライフサイクル（世代）は縦糸であり，時間性として捉えることができる。大会のテーマを開催地の西陣織のように，「縦糸（時間性）と横糸（空間性）が織りなす心理アセスメント」とみなすこともできよう。

　ライフサイクルは時間性として捉えることができると述べたのは，幼児・児童期から思春期・青年期，成人期，そして老年期という生涯発達が年齢という時間の経過によって決定されるからである。また，大会テーマの世代は，親世代とか祖父母の世代といった年齢だけでなく，アナログ世代とかアキバ世代といった具合に，大会趣旨にあるように，まさしく社会文化的側面を無視できない。本章では，まず主要なライフサイクル論を概観した後，ライフサイクルや世代という時間性をめぐってのロールシャッハ法研究を考えてみることにする。

1．心理力動論からのライフサイクル論

　今回のシンポジウムのキーワードはライフステージであるが，ライフステージとはシンポジストの発表にもあるエリクソン（Erikson, E. H.）のライフサイクル論（life cycle）に代表されるように，年齢上の，ある視点から特徴のある一時期をライフステージと呼んでいる。なお，ライフステージを発達段階とみなす場合もある。ただ，かつての発達心理学では，乳幼児から児童，そして思春期青年期を経て成人期で発達完了とみなしていた。しかし平均寿命が驚異的に伸び高齢化社会の出現によって，いわゆる成人となって発達が完了したとみなすことは適当ではないとの意見もあり，また逆に乳幼児期以前の胎生期への心理学的関心などから生涯発達（life-span）という視点から発達を捉え直すべきとして，生涯発達心理学の提唱がなされた。ライフサイクル論も生涯発達も共に life という英語が用いられているが，両者には微妙な差異も認められる。いずれも個人の一生を俯瞰して捉えるという点では共通しているが，生涯発達は各発達段階の特徴に焦点が当てられているのに対して，ライフサイクル論は各発達段階のつながりや連続性に強い関心を向けている。また個人の社会への適応という点に注目をしていることも，ライフサイクル論の特徴である。周知のように，臨床心理学や精神医学の分野において数多くのライフサイクル論が提唱されている。ここでは，力動論的立場による著名なライフサイクル論をその方法論から検討してみたい。

　フロイト（Freud, S.）の心理－性的発達論は，かつての発達心理学のように成人を発達の完了段階とみなした発達概念による考えであるが，リビドーの備給先によって発達段階を想定している。すなわち，口唇期，肛門期，エディプス期，潜伏期，そして性器期の5段階である。なお，心理－性的発達論は生物学的色彩が強いが，必ずしも汎性欲説とは言えない。意識的でない心的なものとして無意識を考えたように，発達論の"性的"というのは，いわゆる肉体的な性欲とは異なる。フロイト（Freud, 1917 懸田・高橋訳 1971）は，「他の人たちは『性的』と『性器的』とを同一視していますが，われわれは，『性器的ではない』，すなわち生殖とは何らの関係もない『性的』なものを承認せざるを得ないのです」（p. 264）と指摘している。性器的でない性的なものに関しては，愛情と呼んでも差しつかえないと述べている。フロイトのこの著名な発達論の根拠となったのは，

彼が精神分析治療を行った臨床例からであった。3歳の幼児の症例や，あるいは 14, 15歳の思春期症例などを直接診療した結果ではなく，多くは成人の患者の精神分析治療から考察したものである。フロイトが成人期で発達を完成と見たのに対して，むしろそれ以降の人生の中間から後半期，つまり成人期から老年期にかけての心理的な問題に関心を当てたのは，分析心理学を主張したユング（Jung, C. G.）である。とりわけ彼は40歳前後の中年期を「人生の正午」と呼んで，この中年期は心理的再体制化が要請される時期で心理的危機を引き起こしやすいとみなしたことはよく知られている。彼のこの考えの源泉は，もちろん分析治療経験もあるが，何よりも彼自身の体験ないし自己分析であった。

　一方，誕生から亡くなるまでの人の一生，すなわち生涯を視座に据えたのは，すでに述べたエリクソンである。彼は周知のように，乳児期から老年期までを8期に分けた心理社会的発達論を提唱したが，そこでは各発達段階における社会文化的な課題とその危機，そしてその解決によってもたらされる自我の強さ（virtue）を提示している。心理社会的発達論は漸成理論とも呼ばれているが，この理論が知られるようになったのは，青年期の課題とその危機である同一性と同一性の混乱であろう。現実の社会生活への第一歩であり，その後の将来を左右する重要な一時期であるということだけでなく，日本に広く紹介された当時の社会文化的な傾向と合致してモラトリアムという言葉とともによく知られることとなった。エリクソンの発達論の源となったのは，フロイトやユングと同様に臨床事例である。エリクソンは児童分析家としての経験が大きいが，しかしカリフォルニア大学バークレー校で実施した大規模な発達研究や，歴史上の人物の伝記研究も彼のライフサイクル論に大きな影響を与えた（Hall & Lindzley, 1978）。前者は健常児童におもちゃを与えて遊ばせてその状況を観察したり，おもちゃで作った場面について話をしてもらう研究手法であった。また，後者はルターの伝記研究が有名であるが，ヒットラーの児童期やゴーリキーの青年期の分析なども行っている。この研究方法は，心理歴史的分析（psychohistory）と呼ばれているが，エリクソンによれば「心理歴史的な研究の主な目的は，ある指導者の特殊な自己同一性欲求を，その歴史的な時代の典型的な自己同一性欲求と結びつけようとすること」（Evans, 1976 犬田訳 1983, p. 292）であるとして，時代の文化的社会的影響を強調している。

　ユングと同様に，中年期から初老期の発達に関心を向けた研究者にレヴィンソン（Levinson, D. J.）がいる。彼は，男性のライフサイクルを20年ないし25年を一区切りとして，四つの発達段階に分けた。つまり，児童期と青年期，成人前期，中年期，そして老年期の四つである。レヴィンソンのライフサイクル論は個人の人生を4段階に分けていることから，春・夏・秋・冬の四季論（seasons）と呼ばれている（Levinson et al., 1978 南訳 1992）。レヴィンソンの研究方法は社会心理学的手法で，さまざまな職業の人たちに直接面接して個人史を語ってもらった。この伝記的面接法で得られたデータを1次サンプルとし，エリクソンと同じように伝記や文学に描かれた人物の生涯を2次サンプルとしてライフサイクル論を提唱している。

2. ライフステージとロールシャッハ法

　ロールシャッハ法については，今日まで数多くの研究が発表されている。客観性に乏しいとか，統計的頑強性に欠けるといった批判がなされているものの，公表されているロールシャッハ法の研究数は質問紙法の代表格であるMMPIを凌ぐか，同等数である。そして研究の対象は実にさまざまで，空間性という横の糸の視点からはロールシャッハ法が精神科臨床の有力なツールということで多種多様な心理的障碍が多いが，健常者のパーソナリティ特徴や適性など，さまざまである。一方，縦の糸の時間性という点ではさまざまな年齢の人たちが対象となっており，ライフステージのすべてにわたっている。それでは何歳頃からのロールシャッハ法研究があるのだろうか。クロッパーら（Klopfer et al., 1955）は年齢的制約として，年齢が3歳程度の子どもから有意義なロールシャッハ反応を得ることができると述べているが，質問段階を実施してスコアリングを確かなものにするとなると，見えたものを明確に言葉で伝えることができる一定の発達水準に到達していなければならないからであろう。

　ベック（Beck, S.）は3歳11カ月の女子の事例報告を行っている（Beck & Beck, 1978）。母子関係に問題のある事例であるが，決定因は純粋形態反応のみであるものの，27個もの反応を産出している。またロールシャッハ法によって発達臨床心理学研究を積極的に行ったベイズマン（Beizmann, 1982）は，2歳9

カ月から 3 歳 11 カ月までの幼児を最年少グループとして，4 歳から 6 カ月毎に年齢で子どもをグループ化して，9 歳 11 カ月までの 9 グループを構成した。そして各グループ 40 名，総計 360 名の子どもたちにロールシャッハ法を実施している。最年少グループはやはり反応拒否（反応失敗も含む）が多いが，平均 16.6 個（中央値 15）もの反応を産出している（図 5-1）。他方，日本では低年齢の幼児のロールシャッハ法の発表は乏しい。日本では幼児のアセスメントには描画法が圧倒的に多く採用されているが，上述した諸研究からも幼児にもロールシャッハ法を実施可能であると言えるだろう。ベイズマンも述べているように，検査に際しては成人とは異なる実施方法を考慮しなければならないにしても，幼児は関心や興味を持ってロールシャッハ法を受検してくれる。幼児にロールシャッハ法を実施できないというよりも，一般にロールシャッハ法は青年期や成人期の精神疾患の診断のための検査というイメージを抱かれているためであると思われる。このことは，小学生を中核とした児童期の今日の心理臨床の場にも当てはまる。

　今日の児童期の心理アセスメントは，今回のシンポジウムの児童期の発表にもみられるように，圧倒的に描画法が多く，ロールシャッハ法はあまり採用されていない。上述したように，ロールシャッハ法が精神病理をみるものとの印象が強いためかもしれない。しかしながら，過去には児童期に数多くのロールシャッハ

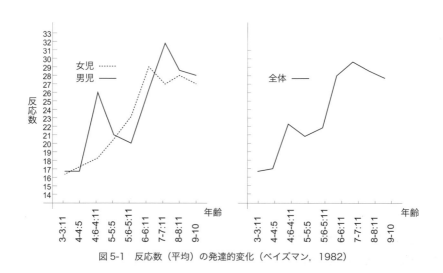

図 5-1　反応数（平均）の発達的変化（ベイズマン，1982）

研究が行われてきている。事例報告も散見されるが，むしろ領域や決定因，反応内容といった各種変数の年齢別による記述的統計データが発表されている（Halpern, 1953 本明監修 1971; Ame et al., 1974a 村田・黒田訳 1976; Exner & Weiner, 1995）。日本でも阪大法を用いて辻らが小学校児童にロールシャッハ法を実施して，熱心に児童期のロールシャッハ法研究に取り組んでいる。辻・浜中（1958）は，「子どもの世界は成人のそれとは明らかに異なったものであり，子どもの示す反応はその子どもの世界から評価されねばならない」（p. 272）として，児童の反応をまとめている。また小沢（1970）は，幼児期から児童期のロールシャッハ法に積極的に取り組み，子どものロールシャッハ法そのこと自体の問題点について言及している（玉井・小沢，1966）。なお，これまでの児童期健常児のロールシャッハ法研究については，松本（2003, 2005）が詳細な展望を行っている。

　事例研究ではなく，児童期の標準値を求めようとする立場は，知覚発達の観点から児童期の心性を明らかにしようとするもので，発達心理の主要な研究法としてロールシャッハ法が採用されている。このことが可能なのは，後述するようにロールシャッハ法が幼児から老年期までの生涯にわたって実施可能なアセスメント・ツールに他ならないからである。近年このような立場から松本らは児童期のロールシャッハ法研究を活発に展開し，さまざまな臨床事例とともに，幼稚園児から中学生までの児童期・思春期の詳細な記述的統計データを提供している。その結果，1950年代の児童期データと比較して，提示刺激への即時的な反応傾向（R1T）や柔軟性の乏しさ（F%），対人関係への関心の薄さ（H%）等，現代っ子の心理的特徴を見出している（松本，2003）。その上で，発達は単に心身の成熟というだけでなく，時代や文化という視点なしでは考えられないと指摘している（松本，2013）。発達が個人の時間性であれば，時代や世代，文化もまた社会の時間性と言うことができる。

　幼児・児童期のロールシャッハ法への関心は発達心理学だけでなく，精神病理学的観点からも向けられている。それは，フロイトの退行説などにみられるように，成人の病理的症状を発達上の一段階との類似から考えていこうとする階層理論（hierarchy）である。3歳から成人までの記述的標準値をもとにフリードマン（Friedman, H.）は発達水準スコア（Developmental level scoring）を提唱し，知覚的退行という視点から神経症や妄想型統合失調症のロールシャッハ法を捉えてい

る（Goldfried et al., 1971）。また，フォックス（Fox, 1955）は幼児期のロールシャッハ法の結果から，2歳から4歳までの特徴を魔法の杖固執反応，3歳から5歳までを作話反応，4歳から6歳までを作話的結合反応として，欲求－空想志向様式から対象－現実志向様式へ発達を想定している。これらの固執反応や作話反応，作話的結合反応はラパポート（Rapaport, D.）の逸脱言語反応や包括システムの特殊スコアに含まれており，思考障碍の指標となっている。

　思春期や青年期に関しても多くの研究が報告されているが，シンポジウムの発表にも見られるように，この発達段階のロールシャッハ研究は臨床事例が多い。このステージが心身ともに不安定でさまざまな心理的障碍を引き起こしやすいことからも，臨床事例が多いことは自明であろう。健常青年の記述的標準値を求めようという研究もなされており（Ames et al., 1971; Exner & Weiner, 1995），エイムズは青年期の標準データは成人の標準データとかなり異なると主張している。しかしながら，バーグ（Berg, 1986）は，年齢は同じであっても青年期の標準値は心身の成熟度のきわめて異なる個人の集団値であることや決定因が正規分布していないため，平均や中央値の解釈には注意しなければならないことなどを指摘し，その上で総反応数，領域，決定因，反応内容といった変数について発達段階の特徴や傾向を述べている。またバーグは，とりわけ作話的結合や内閉的論理など思考のおかしさが，成人期と比べて思春期や青年期では多く認められることを指摘している。確かに，筆者も大学生群（平均年齢20.9歳）にロールシャッハ法を実施したときに形態水準の低さや公共反応（P）の少なさに驚かされたことがある（小川ほか，1995）。しかし，比較対象とした同年齢の社会人群（公務員）では形態水準も公共反応も数値が高かった。青年期に特有というよりもモラトリアムや社会化といった社会文化的な要因も無視できない。したがって教育環境や文化的背景などによって異なったロールシャッハ結果となりやすく（藤岡ほか，1981; 柳・岡部，1985），青年期の記述的標準を求める統計的研究が乏しいのかもしれない。

　この発達段階が心理的に揺れ動く時期でもあり，さまざまな心理的問題を多発しがちなため，臨床事例をめぐってのロールシャッハ法研究が主となっている。たとえば，ミドルティーンからハイティーンの女子に多く認める思春期痩せ症（神経性無食欲症）や対人恐怖症など心理的理解に果たすロールシャッハ法の貢献は

枚挙にいとまがない。また青年期心性と結びついた境界例障害については，ロールシャッハ法が必須のアセスメント手段でもあった。一般青年を対象とした研究では発表数は多くはないものの，信頼感や自尊心といった思春期・青年期心性をめぐってのロールシャッハ法研究が行われている。

　成人期は前述したように発達の完成段階として捉えられ，いわゆるロールシャッハ法の記述統計的標準値ないし期待値と考えられることが多い。たとえば，標準化研究のサンプルとなったのは，片口式（片口ほか，1958）では対象の年齢の範囲は不明だが，平均年齢28.5歳（$SD = 8.51$）で，エクスナー式（Exner, 2003）では19歳から69歳までの600名であった。また最近，西尾ら（2017）は健常成人400名のロールシャッハ変数の統計値を公表しているが，年齢は20歳から69歳までとなっている。老年期を何歳からと考えるかにもよるが，厚労省の定義では65歳以上を高齢者としており，その点ではエクスナー式と西尾らの成人期の標準値には老年期のサンプルも混じっていると言えよう。したがって，この標準値によって個々人のパーソナリティについて言及されることは多くても，成人期という発達段階理解の手段としてのロールシャッハ法は少ない。臨床事例としては，成人期でも後半の中年期以降にうつ病との関連でロールシャッハ法による研究が発表されている。また更年期は中年期女性の心身にわたる不調を引き起こしやすく，心理的にもライフサイクル上の大きなステージでもある。そのためこのステージの心理的特徴をロールシャッハ法から見出そうとする研究も散見される（笹田，1993）。

　老年期ないし高齢期に関しては，以前はパーキンソン病や脳動脈硬化症など老年期の器質性精神疾患との関連から臨床症例のロールシャッハ法研究が行われている（堀見ほか，1958）。ヘルマン・ロールシャッハは『精神診断学』（1972）の中で25例の事例を挙げているが，その中で高齢期にあたる65歳以上は3例である。69歳の脳動脈硬化性認知症で抑うつ症状を呈した女性例と，78歳の認知症の男性例は臨床例であるが，健常な80歳女性の事例も紹介している。この事例についてはまったくの情報なしで見立てたために，潜伏性の，あるいは症状の安定した統合失調症者と誤診してしまったという。というのも，この事例の反応結果が両貧型の体験型で，不良形態が多く，紋切り型の反応が多かったからである。そしてヘルマンは，健常な高齢者がこの事例と似たような特徴を示すことを後に

知ったと述べている。

　老年期の記述的統計研究も発表されている（Ames et al., 1974b 黒田・日比・大島訳 1993; Klopfer, 1955）。クロッパーの研究では，対象者は 60 歳以上で中央値が 74 歳であり，エイムズらは 70 歳から 100 歳までを対象に調査している。これらの統計的標準値を求めた研究は，児童期と同じように，老年期の認知機能やパーソナリティ特徴を明らかにしようとしており，老年期への関心が高まるにつれて健常老年のロールシャッハ法研究が増えてきている。日本でも老年期についてのロールシャッハ法研究が発表されているが（桑原，1974; 杉山ほか，1976），その中でも，下仲を中心とした東京都老人総合研究所の心理学研究室は老年期のロールシャッハ法研究を積極的に進めた（下仲ほか，1975；下仲・中里，1989; 下仲・中里，1991）。老年期の心理的特質だけでなく，長寿やサクセスフル・エイジングにかかわるパーソナリティ要因をロールシャッハ変数から捉えている。その中で，FM と P の減少，F% や F-, H% の増加をロールシャッハ法での終末変化(terminal change) として見出している（Shimonaka & Nakazato, 1991）。今回のシンポジウムでは西尾が老年期の心理アセスメントで必要な視点として症例をもとに，身体・認知・心理の三つ巴が必要であると指摘しているが，ワイナーら（Weiner et al., 2019）はロールシャッハ法が神経心理学的検査としても有用で，老年期のアセスメント・ツールとして適していると論じている。サジウック（Saziouk, 1999）も，内省をもとにした質問紙法は妥当性が弱いので，ロールシャッハ法が老年期のアセスメントとして好ましいと詳論している。

3. ライフサイクル論とロールシャッハ法

　先に四つのライフサイクル論を概観したが，その研究方法について考えてみたい。フロイトやユングは主として担当した臨床事例を理論構築の根拠とし，エリクソンやレヴィンソンは伝記や面接調査をもとにしている。力動論に立脚するこれらのライフサイクル論を，ロールシャッハ法から捉え直してみることはできないだろうか。たとえばエリクソンの同一性に関しては，その適切な測定法がないことから当初マーシャ（Marcia, 1966）は半構造化面接法によって自我同一性地位（ego identity status）を確認した。そしてその後の研究者は自我同一性尺度を

作成して四つの同一性地位を測定しているが，これらは質問紙法である。質問紙法は文章を読んで質問内容を理解した上で，内省して回答するものである。したがって，ある程度の読解力を要し，自己を客観的に振り返る力が必要である。一般的には，質問紙法の被検者は16歳以上が望ましい。質問紙法は幼児・児童期には適切とは言えず，上述したように描画法がこのライフステージではよく採用されている。その点，投影法はライフサイクル論のほぼすべてのステージで実施可能である。しかし同じ投影法でも，主題統覚検査は幼児・児童期にはCAT，青年期から中年期にはTAT，そして老年期にはSATをといった具合に，ライフステージによって用いられる具体的な検査は異なる。また，描画法はすべてのステージで採用できるが，標準化や客観的指標といった点ではまだ十分とは言いがたいであろう。その点，ロールシャッハ法は個人のあらゆるライフステージに適用でき，同一刺激への反応を得るという利点を有している。このことは，第2節で概観してきた各ステージのロールシャッハ法研究から明らかであろう。なお前述したように，小沢は同一刺激ではあるが，子どものロールシャッハ法の本質について問題提起を行っている（玉井・小沢，1966）。

　ところで，ヴュルステン（Würsten, 1970）はロールシャッハ法とピアジェ理論の関係を考察しているが，理論をロールシャッハ法で実証しようとする研究もなされてきている。その代表例として，境界例研究をあげることができる。病態水準としての境界例は，精神分析理論では防衛機制として原始的防衛が指摘された。つまり，神経症レベルで採用される抑圧や反動形成と異なり，境界例はより低次の分裂 (splitting) や投影性同一視 (projective identification) といった一次的防衛機制を適用のために用いているとみなされた。そしてそれらの一次的防衛機制をロールシャッハ法からアセスメントしようとする研究が広く展開された（岡部・小川 ,1983）。このような観点に立脚すれば，ロールシャッハ法から力動論的ライフサイクル論を検討してみることもできるのではないだろうか。そのような試みの一助となる研究はこれまでも発表されている。たとえば，藤岡ら（1981）は環境のパーソナリティ形成に与える影響を調べるために山村中学生のロールシャッハ反応を調査しているが，m反応が多いことに触れて，「われわれの対象者たちが思春期で，ちょうど第二反抗期にあたることと関連しているのではないか」と述べている。また平井（1989）は，大学生を対象に青年期の自我同一性の問題を

質問紙法とロールシャッハ法から検討して，同一性意識混乱と強い W 反応傾向や Fc 反応の欠如，不良な色彩反応などとの関連を見出している。自我同一性に関しては，細木（1973）は症例研究から立体反応が同一性の危機の一指標と考えられるとしている。

　ロールシャッハ法によるライフサイクル論の検討ということでは，越智（1972, 1975）の一連の縦断的研究は特記すべき業績であろう。とりわけ，越智（1977）の一個人の幼児期（幼稚園 1 年）から青年期（大学 1 年生）までの 15 年間を追った研究は，事例で中 1 ―高 3 期に顔反応が多く産出されることを指摘し，それを他の多くの思春期事例に共通していることを確認している。越智はクロッパーの知性化の防衛機制を援用して解釈しているが，小川（1988）は摂食障害の大学生の症例等から，顔反応がメタモルフォーシスの現れと考察している。いずれにせよ，顔反応が思春期・青年期という同一性のステージに関連する反応内容である。したがって，各ステージの心理的特質とその特質の指標とみなされるロールシャッハ変数とを関連づけて見ていくことができる。サジウックは幼児期，青年期，老年期という三つのステージに分け，それぞれのステージの発達心理学の知見と精神病理をロールシャッハ変数と関連づけて考察している（Saziouk, 1999）。

　もっとも，ロールシャッハ法が捉えることのできるパーソナリティの側面がライフサイクル論で取り扱っている側面とは異なることも事実である。ロールシャッハ法の特徴から統合失調症に六つの下位診断カテゴリーを提唱したベックは，間接的にロールシャッハ法からみたライフサイクル論（gradients）を考えている。ベック（1978）は，自我の機能していない精神年齢 4 歳 4 カ月の 9 歳の男子の知的障害の事例に始まって中年の大学教授の事例まで，そしてさまざまな精神障害の症例から，精神分析学に立脚して自我機能の発達という視点からライフサイクル論を展開している。ロールシャッハ法からのライフサイクル理論の提唱である。

4. 世代とロールシャッハ法

　紙数も尽きたので，最後に世代（ある年齢層）とロールシャッハ法をめぐって，P 反応とコンセンサスロールシャッハ法（以下，コンセンサス法）について触れ

たい。

　ロールシャッハ変数の時代的変化も世代を表しているが，世代をもっとも表しているのは反応内容である。筆者はすでにアニメのキャラクターが反応されると分からない世代であり，カードⅠにWF±Obj.でインベーダーゲームの敵機という反応に共感できる世代である。とりわけ，P反応の一部は特定の年齢層を表現している。P反応を片口は当初平凡反応と訳していたが，後に公共反応と改めた。公共性（public）の意味合いを持つ反応であるとの理由からであった。ロールシャッハ言語を日本語訳にする会合があった際，ある先生からP反応のpopularはポピュラーソングと同じなので，流行反応としてはといった発言があったが，確かにP反応は特定の世代に流行しているという意味と，認知しやすいという意味の2種類の意味を含んでいる。この点については，ロールシャッハ研究31巻（秋谷, 1989）が特集号を組んでいるので参照されたい。

　コンセンサス法もまた，世代を取り扱っていると言える。コンセンサス法はもともと家族療法との関連で考案された技法であるが，家族を対象としている以上必然的に親世代と子ども世代，あるいは祖父母世代が絡んでくる。この技法は家族の抱えている直接的な問題だけでなく，反応に表れる世代の違いを家族間で共通認識できるという利点を有している。この点については，髙橋（2012）が参考となろう。

【参考文献】

秋谷たつ子（編）(1989) ロールシャッハ研究第31巻 平凡反応. 金子書房.

Ames, L. B., Métraux, R. W., & Walker, R. N.（1971）*Adolescent Rorschach responses: Developmental trends from ten to sixteen years*. Lanham, MD: Rowman & Littlefield.

Ames, L. B., Métraux, R. W., Rodell, J. L., & Walker, R. N.（1974a）*Child Rorschach responses*. Levittown, PA: Brunner-Mazel. 村田正次・黒田健次（訳）(1976) ロールシャッハ児童心理学. 新曜社.

Ames, L. B., Métraux, R. W., Rodell, J. L., & Walker, R. N.（1974b）*Rorschach responses in old age*. Levittown, PA: Brunner-Mazel. 黒田健次・日比裕泰・大島晴子（訳）(1993) 高齢者の心理臨床学——ロールシャッハ・テストによる——. ナカニシヤ出版.

Beck, S. J., & Beck, A. G.（1978）*Rorschach's Test II. Gradients in mental disorder. 3rd ed.* New York: Grune & Stratton.

Beizmann, C.（1982）*Le Rorschach de l'enfant à l'adulte: Etude génétique et clinique. 3me éd.*

Paris: Delachaux & Niestlé.

Berg, M.（1986）Diagnostic use of the Rorschach with adolescents. In Rabin, A. I. (ed.), *Projective techniques for adolescents and children*. pp. 111-141. New York: Springer.

Evans. R. I.（1976）*The making of psychology: Discussions with creative contributors*. New York: Alfred A. Knopf. 犬田充（訳）（1983）現代心理学入門（下）. 講談社学術文庫.

Exner, J. E.（2003）*The Rorschach: A comprehensive system: Vol.1, Basic foundations and principles of interpretation. 4th ed*. New York: Wiley.

Exner, J. E., & Weiner, I. B.（1995）*The Rorschach: A comprehensive system. Vol. 3, Assessment of children and adolescents. 2nd ed*. New York: Wiley.

Fox, J.（1955）The psychological significance of age patterns in the Rorschach records of children. In Klopfer, B. (Ed.), *Developments in the Rorschach technique. Vol. II*. pp. 88-103. San Diego, CA: Harcourt Brace & World.

Freud, S.（1917）*Vorlesungen zur Einführung in die Psychoanalyse*. 懸田克躬・高橋義孝（訳）（1971）フロイト著作集第 1 巻 精神分析入門（正）（続）. 人文書院.

藤岡新治・前田道雄・丸山芳也（1981）山村中学生のロールシャッハ反応――環境把握からの試み――. ロールシャッハ研究, 23, 57-69.

Goldfried. M. R., Stricker, G., & Weiner, I. B.（1971）*Rorschach handbook of clinical and research applications*. Upper Saddle River, NJ: Prentice-Hall.

Hall, C. S., & Lindzley, G.（1978）*Theories of personality. 3rd ed*. New York: Wiley.

Halpern, F.（1953）*A clinical approach to children's Rorschach*. New York: Grune & Stratton. 本明寛（監修）（1971）児童臨床のためのロールシャッハ診断. 実務教育出版.

平井正三（1989）青年期の自我同一性――「同一性混乱意識」と「自我機能」の側面から――. ロールシャッハ研究, 31, 95-109.

堀見太郎・杉原方・長坂五朗（1958）歴史的発展と意義. 本明寛・外林大作（編）ロールシャッハ・テスト（1）, pp. 1-39. 中山書店.

細木照敏（1973）ロールシャッハ・テストにおける立体反応（Vista）の精神医学的意味. 精神医学, 15(2), 29-37.

片口安史・田頭寿子・高柳信子（1958）ロールシャッハ分裂病得点（RSS）. 心理学研究, 28(5), 273-281.

Klopfer, W. G.（1955）The application of the Rorschach technique to geriatrics. In Klopfer, B. (Ed.), *Developments in the Rorschach technique. Vol. II*. pp. 195-212, San Diego, CA: Harcourt Brace & World.

Klopfer, B., Fox, J., & Troup, E.（1955）Problems in the use of the Rorschach technique with children. In Klopfer, B. (Ed.), *Developments in the Rorschach technique. Vol. II*, pp. 195-212. San Diego, CA: Harcourt Brace & World.

桑原治雄（1974）老人の精神機能の特質. ロールシャッハ研究, 15-16, 47-70.

Levinson, D. J., Darrow, C., Klein, E., Levinson, M., & McKee, B.（1978）*The seasons of a man's life*. New York: Alfred A. Knopf. 南博（訳）（1992）ライフサイクルの心理学（上）

（下）．講談社学術文庫．

Marcia, J. E.（1966）Development and validation of ego-identity status. *Journal of Personality and Social Psychology*, 3, 551-558.

松本真理子（2003）子どものロールシャッハ法に関する研究――新たな意義の構築に向けて――．風間書房．

松本真理子（2005）子どものロールシャッハ法研究の展望．小川俊樹・松本真理子（編）子どものロールシャッハ法, pp. 13-32．金子書房．

松本真理子（2013）2 章 ロールシャッハ法による子どもの理解．松本真理子・森田美弥子・小川俊樹（編）児童・青年期に活きるロールシャッハ法, pp. 15-32．金子書房．

西尾博行・高橋依子・高橋雅春（2017）ロールシャッハ・テスト統計集．金剛出版．

越智信子（1972）児童のロールシャッハ反応の逐年的研究――幼年期より小学 6 年までの 8 年間の推移――．ロールシャッハ研究, 14, 65-82.

越智信子（1975）児童のロールシャッハ反応の逐年的研究（Ⅲ）――幼年期より中学 3 年まで 11 年間の推移――．愛媛大学教育学部紀要第Ⅰ部 教育科学, 22, 143-177.

越智信子（1977）児童のロールシャッハ・テストの逐年的研究（Ⅱ）――女児の幼児期より 15 年間の推移――．ロールシャッハ研究, 19, 49-65.

小川俊樹（1988）ロールシャッハ症状としての顔反応．秋谷たつ子（監修）ロールシャッハ法を学ぶ, pp. 57-69．金剛出版．

小川俊樹・野坂三保子・伊藤宗親・佐々木裕子（1995）包括的システムの日本人サンプルへの適用について――大学生標本の統計値から――．日本心理臨床学会第 14 回大会発表論文集, pp. 368-369.

岡部翔平・小川俊樹（1983）境界例の診断をめぐって――ロールシャッハ・テストを中心に――．サイコロジー, 35(2), 46-53.

小沢牧子（1970）子どものロールシャッハ反応．日本文化科学社．

Rorschach, H.（1972）*Psychodiagnostik-Methodik und Ergebnisse eines wahrnehmungsdiagnostischen Experiments*. Bern: Hans Huber. 鈴木睦夫（訳）（1998）新・完訳 精神診断学．金子書房．

笹田明子（1993）ロールシャッハ・テストからみた中年期女性の心理的特性に関する予備的研究．ロールシャッハ研究, 35, 73-92.

Saziouk, A.（1999）*Le Rorschach dans sa perspective psychogénétique*. Paris: Cascatelle.

下仲順子・河合千恵子・矢冨直美（1975）ロールシャッハ・テストからみた精神的老化サインの研究．ロールシャッハ研究, 17, 131-142.

下仲順子・中里克治(1989)老人の Popular 反応――その特質と加齢変化の研究――．ロールシャッハ研究, 31, 7-21.

下仲順子・中里克治（1991）老人のロールシャッハ反応における加齢と痴呆要因の研究．ロールシャッハ研究, 33, 129-144.

Shimonaka, Y., & Nakazato, K.（1991）Aging and terminal changes in Rorschach responses among Japanese elderly. *Journal of Personality Assessment*, 57(1), 10-18.

杉山善朗・大坊郁夫・奥瀬哲（1976）老年者におけるロールシャッハ・テストの経年的研究. ロールシャッハ研究, 18, 1-11.

髙橋靖恵（2012）コンセンサスロールシャッハ法──青年期の心理臨床実践にいかす家族関係理解──. 金子書房.

玉井収介・小沢牧子（1966）児童のパースナリティ・テスト. 井村恒郎ほか（編）異常心理学講座第2巻 心理テスト, pp. 259-308. みすず書房.

辻悟・浜中薫香（1958）児童の反応. 本明寛・外林大作（編）ロールシャッハ・テスト（1）, pp. 271-348. 中山書店.

Weiner, I. B., Appel, L., & Tibon-Czopp, S.（2019）*Rorschach assessment of senior adults*. New York: Routledge.

Würsten, H.（1970）The relationship between Piaget's developmental theory and the Rorschach method. In B. Klopfer, M. M. Meyer, & F. B. Brawer (Eds.), *Developments in the Rorschach technique. Vol. III*, pp. 99-142. San Diego, CA: Harcourt Brace Jovanovich.

柳義子・岡部祥平（1985）ロールシャッハ・テストによる都市型児童の経年的研究. ロールシャッハ研究, 27, 83-99.

第 6 章

総括：現代社会に必要な心理臨床における心理アセスメント
——ライフステージと領域を念頭に——

髙橋靖恵

1. 現代社会におけるライフサイクルの視点

　エリクソン（Erikson, E. H., 1959 ほか）がライフサイクル理論を提唱し，各世代（ステージ）の課題を挙げ，その課題自体が，肯定的な側面だけではなくクリアすべき負の部分も含めて記述したことから，これが一般的に広く活用された。一方で，21 世紀になって先進国においては，エリクソンの提案した時代の生活から大きく変化した。女性の社会進出，夫婦の家庭内の分業制の進化，子育てにおける夫婦の協働，多世代同居の減少などにより，各ステージの特徴が一様ではないという批判も生じてきた。しかし，エリクソンが主張してきた関与する者とされる者との「相対性」，そして世代を生きる人々がかかわりあう「相互性」（Erikson, 1963, 1968; Erikson, E. H. & Erikson, J. M, 1997（夫人による増補版 2001）; 鑪，1977 ほか）という視点は，現代社会での複雑な対人関係を理解するために重要な考え方である。加えて，エリクソンの提唱したライフサイクル理論は当時画期的なものであり，フロイトが発達段階と発達課題として捉えたのは思春期までとするならば，それを一生のライフステージとして明示した功績は極めて大きい。そこに記されたエピジェネティックチャートは，フロイトが提唱した初期の発達段階を精緻化し，特定の衝動に対応する子どもの多様な口唇，肛門，性器の動きを記したチャートを考案したものと思われ，基本的にはフロイトの二元論的な考え方，生の欲動（エロス）と死の欲動（タナトス）を意識した，精神発達の両価性を示したといえる。この背景から各ステージの課題として，ここに相対する二つの人格発達，生と死や明と暗の対極にある二面性を持って発達する

と仮定されているのも斬新であった。エリクソンの言う「グランドプラン」は，それぞれはじめに根があって，時期や条件が整えば開花するというものであるため，早熟や晩熟ということ，早すぎてもそれは適応的ではないという見方を呈したとも言える。今日，親の方針に従って，知的活動を優先した将来展望を持つ姿や，さまざまな場面で，葛藤を引き受けることから回避し，仮の適応をしようとする「過剰適応」の子どもたちを考える上で大きな示唆を得ることができる。

　これらの葛藤と，さらに相互性について取り上げてみると，次のような状況が挙げられる。例えば，教育の現場において，教師自身が自らの成人期，中年期における発達課題と向き合い，それを乗り越えていこうとする中年期の課題がgenerativity（世代性）である。それは，次の世代を育んでいく，あるいは次世代に受け継いでもらうものを生み出していくプロセスであるという。一方その対極には，もうこれ以上は努力できない，あるいはこれで充分であるという感覚が生じるというわけである。学校現場でイベントが開催された場合，教師は生徒たちに向かって，「これが終わったら次は，勉強だ」と言わなくてはならない立場であるが，果たしてそれはこころから発せられるであろうか。子どもたちも，勤勉性を求められる世代でありながら，そのイベントにエネルギーを精一杯費やしてきたあとに，さらにその上をいく力が発揮できるのであろうか。できない自分，つまり劣等感と闘いながら，次のステップに向かうのである。これらの教師や子どもたちは共に，ここで一旦立ち止まりたい想いと葛藤しているのである。これは，「はじめに」に述べた本書の前編書といえる『家族のライフサイクルと心理臨床』（髙橋編，2008）を編む頃に，学校現場の教師たちに向けて講演をした際に引用していた例である。当該研修会で，教師の皆さんから，この苦悩を言葉にしたことに多くの共感を得た。

　このときからおよそ10年が経過し，さらに教育現場は一層厳しくなってきている。上記の例に挙げたような相互性を見出すならば，子どもと保護者と教育者そして問題が生じた際に出会うセラピストとのそれぞれの関係性も含まれる。

　筆者自身前書を編むときには触れなかったことであるが，現代の精神分析学においては，これまでのフロイトが創始した精神分析のあり方としてのいわゆる一者心理学から，クライン理論の台頭により，二者関係の重視，表面で現れている対人関係ではなく，内的空想に基づく対象関係を重視する考え方が，心理臨床現

場でも多用されてきている（前田，2008 他）。もちろんそこからさらなる展開が
あり，自我心理学の発展がなされたことや，対象関係論の中心となったクライン
派から，独立学派や対人関係学派という分派があるのは周知のことである。アン
ナ・フロイトの私立学校で教師を務め，訓練分析を受けたエリクソンのライフサ
イクル理論が米国から世界に発信され幅広い支持を得たのは，米国での対象関係
論が自我心理学を基礎として発展していた所以であろう。ロールシャッハ法によ
る思考過程を中心に，力動的な心理アセスメントを拡充させたラパポート
（Rapaport, 1945, 1946）や多くの先達によって，本法が米国で発展したのもほぼ
同時代であった。これらの精神分析の潮流とロールシャッハ法との関連性は非常
に重要であるが，まずは本企画に沿って，世代間の相互性という視点に戻り，こ
こまでに留めておきたい。

　さて，こうした時の流れをふまえて考えてみたいのは，冒頭に触れたエリクソ
ンがライフサイクル理論を提唱した頃と現代の大きな違いである。現代日本にお
いては，女性の社会進出の発展，我が国特有とも思われた終身雇用制度の変化と
共に，就職，結婚や子育てが一般的なライフサイクルの成人期に限定されるのは
適切ではない。この時期にあたる，第 6 ステージの課題「親密対孤立」（Intimacy
vs Isolation）は，結婚だけではなく，職場でのパートナー，他者との親密さを含
む関係を広く指すものであり，この孤立は，「その人にとって危険と感じられる
力や人物の存在を，拒絶し，孤立させ，必要とあれば破壊しようとする心構えの
ことである」（Erikson, 1959 西平・中島訳 2011）。本来は適切なアイデンティティ
が確立されて初めて，異性との本当の親密さが，あるいは異性に限らず他者との
親密さ，そしておそらくは自分自身への信頼感が実感できるはずである。しかし，
現実はそうとは限らない。当時エリクソンも，「性的な親密さは，他人との間に
本物かつ相乗的な心理的親密さを発達させる能力がなくても成り立ってしまう」
と指摘した。現代における配偶者，子どもに対する虐待，職場でのハラスメント
は，成熟した成人として親密な関係を持てている結果，他者との関係性を保持し
支えるステージにいるとは言い難い。一方で，子育てをする中でどうも育てにく
い，コミュニケーションがうまくとれない，どこか不器用さが目立つと我が子の
発育を心配し，「発達障害」の疑いを持って来談する親たちの世代でもある。我々
の心理臨床実践活動において，子育てをめぐる孤立感を抱くであろう彼らに対し

て，適切な支援が求められる。

　前述した第７ステージの「世代対自己陶酔」（Generativity vs Stagnation）は，この「Generativity」というエリクソンの造語が指し示すように世代を育む意味が込められている。しかしここでも子育てという意味の限局性はなく，幅広く人を育てること，ものを開発することなどまで含み込んだ表現であると言われている。自己陶酔は，停滞感でもあり，もうこれ以上向上心をもって前進することができない，いわゆる「頭打ち」の状況をも指している。先の学校現場の例に加え，現代の社会問題に照らして言えば，終身雇用制度が失われ，早期の退職を迫られる中で，夫婦の新たな生活に活気を見出せずに，熟年離婚やうつ病の発症などが問題となる時期である。かつての日本は，３世代同居によって，孫の面倒をみる老親は新たな人生の活路を見出していたと言えるが，もう自分の役割がなくなったと立ち止まる高齢者も少なくない。このステージにおいても，社会人引退後の新しいライフスタイルとして，学び直し，夫婦で協力して新しい事業を興すといった形で前進していく姿は，前者と対照的である。こうした現代的な問題をいかにして心理臨床の実践で支えることができるのかが，今日的課題でもある。以上成人期に関する二つのステージについて，現代社会の問題を概観した。

　各ステージは，順番に上がっていくものではなく，基本的な問題を抱えたままであっても，外的な環境は変化していくという見方が成立する。これは，学歴社会と化した日本の在りようを示していることかもしれない。かつてのように，学びたい意志を持って，努力を重ねて入学し，大学生となった青年とは異なり，アイデンティティの確立をする段階に至って，そこまで辿りついた自分自身が不透明になってしまう事態も起こる。そうして頼るのが，マニュアルや SNS からの情報となり，ますます「独自の」価値観を見出せずにいる。一方，現代を生きる人々の中には，かつて言われたような晩熟というものではなく，ある程度成功した成人が再び自らのアイデンティティの変革を求めて学びの道に入り，予測されたものとは全く別の人生設計を創り出す機会がある。

　このように考えてくると，心理臨床の実践現場において，クライエントと向き合うとき，その背景として，どの世代がどの世代に影響力を及ぼし，相互作用をもたらしているのかについて，丁寧な検討が必要になってくる。それは，そのクライエントの治療可能性を見出し，治療上のキーパーソンとの関係理解を進める

上で重要な鍵となる。

2．ライフステージにおける心理アセスメント

　次に，先述のライフサイクル理論から展開して，個人の発達様式に留まらず，内的対象関係を投影する他者とのかかわりも視野におき，心理アセスメントについてステージに分けながら検討を進めていきたい。現代における精神分析的心理療法においては，その治療関係を重視し，セラピスト自身の内的な心の動きにも着目する。同様に心理アセスメントの実施という心理療法の導入期においても，内的治療関係，いわゆるクライエントからの転移は起きていると理解できる。その前提となる考え方としては，松木（2005）が，転移について次のように明快に説明しているところに依る。「転移とは，クライエントに生じてくることであり，その人のパーソナリティ（すなわち，体質と生育史での体験とその体験のしかたととらえ方）の特性が，その感覚や視点の子どもがえりとともに，治療者との関係に表れてくることです。別の表現をするなら，無意識のうちにこころのなかに創り上げている世界，内的世界が，分析空間のなかに限られている現実の世界に映し出される，投影されるということなのです」（p.110）。そうした転移の考え方は，治療者に対してだけではなく，その分析（面接）空間にあるものすべてに生じるのである。同章の「転移はいつから始まっているのか」という節でも，「私たちが出会う前からすでに準備されているものです」と述べている。

　多くの心理アセスメント経験者が，クライエントに検査予約をしたときから実施までの間に，クライエントが「何をされるのだろうか」，「それによって今後の治療が変わるのだとしたら，そこでどう答えるべきだろうか」と身構えている様を感じることは少なくないだろう。この時点から，検査や施行者に向けての心の動きが始まっている。それは，これまでかかわってきた親に対する感情などが含み込まれた複雑な心模様と言える。

　こうした視点を含みながら，本書の企画として行われたシンポジウムの各世代に沿って，筆者自身の実践経験から今日の課題について考えてみたい。もちろん，ここまでの各章には，シンポジストの諸先生方に加えて，コメンテーターの先生方にご執筆いただいているため，内容的に重なりも考えられる。本章では，本企

画をする際に念頭にあった私見を述べるものであり，当大会のコンセプトでも
あった「領域」という横糸と，「世代」という縦糸という綾織り（広辞苑によれば，
経糸（たていと）・緯糸（よこいと）の交差する部分が斜めの方向に連続して斜
線状を表すもの）をイメージしてまとめておく。

1) 学童期の子どもとその親に対する心理アセスメントの実践

　本書では，第1章で詳細に子どもの特徴を，さらに第3章では親世代の問題を
まとめている。現代日本において，学童期の心理アセスメントとして最も頻度が
高いのは，発達障害の問題であろう。発達障害について，多くの研究がすでにな
されているが，問題自体の幅の広さ，そして現代での学校における対応が多岐に
わたるところがあり，むしろ焦点を絞ることが困難ともいえる。DSM-5（American
Psychiatric Association, 2013 高橋・大野監訳 2014）では，発達障害は「神経発達
症候群／神経発達障害群」と分類され，「知的能力障害群，コミュニケーション
症群／コミュニケーション障害群」，「自閉スペクトラム症／自閉症スペクトラム
障害」，「注意欠如・多動症／注意欠如・多動性障害」，「神経発達運動症群」，「限
局性学習症／限局性学習障害」を包含する形に変遷した。これらの問題を抱えた
子どもたちの支援領域は，学校，家庭となる。学校という集団にあって適応が難
しいと，教育現場でも家庭においてもどのように支援すべきか戸惑う。文山（2020）
では，その心理アセスメントとして風景構成法を取り上げ，多数の文献をもとに
検討を行っている。描画における枠の意義や，空白部分について，また羅列表現
などをその特徴として振り返りながら，アイテムとしての「道」への言及の多さ
に注目している。文山は，「道がどこともつながっていないということは，発達
障害児・者の，現在の自分という「定点」の感覚の弱さと，それゆえに時間軸上
の過去や未来というつながりを感じにくいという特徴があるのではないかと推測
される」と言う。筆者の経験においても，臨床群における「道」の問題は非常に
重要と考えられ，川と並行して描かれる「道」や川に橋を架けて二つの世界を繋
ぐ「橋」，ある領域のみで「道」が描かれ，どこにも行けない閉塞感を表現して
いる様子などを注視してきた。現在の実践研究では，こうした特徴が「病理や問
題のサイン」であると結論づけるのは難しく，むしろ当該症例群の特徴として把
握し，それをどう心理療法や心理教育につなげていくかが重要である。

　子どものロールシャッハ法についての最新報告の一つとして，吉村（2019）の講演記録が挙げられる。そこでは，定型発達をしている子どもや青年と，アスペルガー症候群の子ども，精神病圏の問題を抱えた青年との同じカードによる比較から検討を試み，その特徴を示している。結びに，それぞれの子どもの発達段階に応じたロールシャッハ反応の特徴には，「率直さ」が見出されるとし，「発達上の問題や精神医学的な問題の多くは，この率直さが失われた状態であり，健全な可変性（＝可能性）が阻害された状態である」とする。本論は，たいへん実践的に意義深い示唆をもたらしている。

　さてそれでは，これらの子どもの検査結果はどのように，誰に向かってフィードバックされるべきであろうか。検査者は，子どもの問題として来談した保護者から，「当然の権利として」その結果のフィードバックを受けることを希望される。しかし，その前に考えるべきことがある。子どもの心理療法においては，彼らが充分に事態を理解できているか否かを考慮した上で，「ここで起こったことは，あなたの了承無しには，誰にも話さない」という旨の約束をするはずである。ならば心理療法導入のための心理アセスメントの結果も，まずは子どもに対して，結果をどう伝えるかを考える必要があるのではないだろうか。そして，保護者，また教師に伝えることを本人にも伝え，その返事の様子をもアセスメントすべきであろう。しかし現場では，その逆，つまり先に保護者に向けてフィードバックを行い，今後の方針を伝え，本人にこのように伝えるという確認をとる。もちろん，本人の問題を少しでも社会が適応的に支援していくために，保護者の協力が必要なのは言うまでもない。それが思春期になると，逆転し，基本に立ち返る。この手順も，クライエントの年齢というだけで決定せずに，親子の関係，子どもの心の発達によって柔軟に取り組むべきである。心理臨床におけるクライエントの心に対する「尊厳」は，常に心に留め置きたい。「誰もわかってくれない」と思っているクライエントに対して，セラピストが，周りの大人たちにいかにして本児の特徴の理解を促進するかを充分に検討しているという姿勢を示すのは，心理療法や心理教育，あるいは訓練への導入の第一歩であろう。

　また，本シンポジウムでの“横糸”である，教育現場や，連携する相談機関で発せられる問題点として，「保護者や教育者が，クライエントを発達障害かどうか同定することを心理アセスメントの目的にしていること」である。本来この後

の発達可能性，問題となる部分と秀でた能力を有する部分，あるいはゆっくりとした歩みであるとしても，発達を促すための支援の指針をも含めたフィードバックが必要である。しかし，この問題となっているのはいわゆる「白」か「黒」か，をはっきりさせることだけが目的となっていないかというところである。これまで，子どもの問題で多くの機関をまわり，疲労困憊している保護者に向けて，単なる心理診断ではなく，今後の指針を示し，子どもと保護者を含めて，周囲からのいじめや阻害といった二次的な問題を引き起こさないように教育現場にも伝えていくことが，心理アセスメント施行者の責務と考えられる。「もう充分過ぎるくらい考えてきた」と，ため息交じりに語る保護者は，一旦歩みを止めたい状況に陥っているはずであろう。一方で，他のきょうだいは健常に発達しているのだから，親子や家庭の問題ではないとして，子どもの問題を直視できない保護者もいる。保護者面接の折に，家庭状況，保護者自身の在りようについてもアセスメントをした上で，より適切なフィードバックを考えたい。

2) 青年に対する心理アセスメントの実践

　本書での第 2 章に，その詳細はまとめられている。よって，筆者の臨床実践経験から，心理アセスメント上の着目点やフィードバックについて述べておく。さまざまな心の問題の好発期であるこの世代において，現代では，自傷行為，自殺企図，摂食障害といったさまざまな問題行動を呈するパーソナリティ障害，一方で社会から一旦撤退し引きこもる様相を示す青年たちが，相談機関や医療機関を訪れる。自発的に問題行動が止められないという訴えをする者もいる一方で，家族に，あるいはアルバイト先や職場の上司，教員といった，クライエントをとりまく「おとなたち」から説得されて来談する場合も少なくない。この場合も，"横糸"である相談機関や医療機関の連携は必須で，その際の守秘義務とクライエントの意思の尊重は重要である。多様な青年期の問題に対して，心理アセスメントの流れ，心理検査のバッテリーの組み方などが異なるため一様に述べることは困難である。しかし，それらの中心となるロールシャッハ法では，病理的なサイン，治療に活かしていけるサインの両方を見極め，依頼者やクライエントへのフィードバックが必要である。特にこの後者のサインは，ロールシャッハ法を分析していく上で，10 枚のカードの反応継起を追いながら，どういった刺激にはコント

ロールができ，どういった刺激にはそれが困難になるかをみていく。カードを経て立ち直る様相を見逃さない姿勢である。カードを追うごとに，次第に自我のコントロールは悪化して，インクブロットという枠組みから外れていってしまうことがあれば，重篤な病理サインであるため，検査の中止も含めて迅速な対応が求められる。テストバッテリーを組むことで，それらがどの部分に焦点づけてパーソナリティを理解しようとしているのかを施行者が充分把握できていれば，検査間の結果のズレが，フィードバックに活かせるはずである。パーソナリティ障害の問題を抱える青年たちは，検査によって現れる水準が異なるのも特徴的だからである。

　周知のように，ロールシャッハ法においては，人間反応や，限界検査で把握を試みる身近な他者に対するイメージカードから，対人関係の在りようを理解できる。文章完成法では，意識に近いレベルで語られるし，人物画や家族画以外の描画法では，人間以外のものに象徴化されたアイテムに描かれる。それらを多角的に理解しようとするプロセスから，クライエントがこれまでに反復してきたであろう他者との問題が浮き上がる。そして検査者との間でも，検査というツールを介して，その関係性が顕在化されるのである。

　名古屋大学式技法では，反応内容（Content）に投影された感情的価値や感情表現に注目して分析する感情カテゴリーがある。また，ロールシャッハ法のすべてのプロトコルの中に広く表れている思考・言語過程の特徴や，自由反応段階から質疑段階に至るまでのクライエントの言語表現や行動，コミュニケーション様式などをつぶさに拾い上げていく，思考・言語カテゴリーを活用することで，検査者との間に交わされた情緒やコミュニケーションに現れた問題を丁寧に理解することができる（名古屋ロールシャッハ研究会，2018; 森田・髙橋・髙橋ほか，2010）。ここから，現在のクライエントを取り巻く対人関係理解とともに，その問題解決のために心理療法の導入が可能か，さらには力動的な治療関係をもとにした心理療法への導入が可能かまで判断できる。それゆえ，そこで理解した特徴は，クライエントの内的な対象関係理解につながり，心理療法での治療関係に浮上する問題を把握しておくことが可能になる。このフィードバックの手順や姿勢については髙橋（2011, 2014）にてまとめている。

　加えてこの時期では，学童期と同様に発達障害を抱える青年が対人関係の持ち

方に悩み，学生相談や心理教育相談室，医療機関を訪れるクライエントが増加するのも現代の特徴と考えられる。髙橋・神尾（2008）や上記の森田・髙橋ほか（2010）では，特に自閉症スペクトラム障害の中で，アスペルガー症候群といわれてきた問題を抱える青年たちについて，特徴をまとめた。彼らは，早期幼児期の言語発達を伴っているため，子ども時代にはこだわりを持った変わった子どもと思われながらも，時に秀でた能力を有するがために本人の生きづらさを周囲が感じないまま，青年期を迎える。いじめにあうことや友人のできにくさ，アルバイト先や大学の研究室でのコミュニケーションのズレなどに深く悩み来談することも少なくない。そうした対人関係の二次的な傷つきから，パーソナリティ障害様のリストカットや摂食障害などの問題行動，統合失調症様の精神病的症状形成を持つこともある。衣笠（2004）は，重ね着症候群として，今日ではこのような複合的問題を持つクライエントが多くなっている現象について，先駆的に臨床的な特徴をあげ，実践現場に重要な一石を投じている。このように，より多彩な対人関係，複合的な問題を抱えた青年たちに対して，個人心理療法を含んだ心理支援につながるフィードバックが重要になる。現代社会によってもたらされる多くの問題を，もっとも敏感に受け取り反応しやすい青年たちと，適切な心理アセスメントや心理療法のかかわりをもつことができるように，心理臨床家の研鑽は継続しなければならない。青年期をとうに超えて，指導者の立場に身を置く成人期のセラピストであるならば，常にそうした学びの姿勢をもつことが必要と考える。

3) 成人期・老年期の諸問題と心理アセスメントの実践

　同様に，その詳細は第3章，第4章にまとめられている。1節で挙げた，エリクソンの第6ステージと第7ステージの特徴は，現代において露呈する問題は異なりながらも，課題として見出すことができる。なぜそうした対人関係上の問題が生じているかは，内的な対象関係の様相まで理解し，パートナーや職場での深い関係を持つ同僚，上司との関係性に理解を拡げていくべきであろう。前述のように，子どもへの虐待を繰り返す親たちの問題は，現代社会の特徴として挙げられ，その対応は喫緊の課題である。彼らに対して「指導」という観点のみで支援をしていても，悲劇は繰り返されるばかりである。どうしたらその暴力を手放すことができるのかについて，佐々木（2017，2019他）は，子どもの心理臨床実

践現場から，親に対して暴力を手放す支援を継続するための対面的な支援報告を
している。さらに親自身のパーソナリティ理解のための心理アセスメントが実践
されると，そのフィードバックによって再発防止も講じていけるであろう。しか
し現代での虐待事例の多さから，迅速な問題把握と対応が求められる児童相談所
にあって，投映法によるパーソナリティ理解は，時間を要するため実践的に難し
いところも否めない。

　成人期は，親としての問題だけではなく，生産的な活動の一翼を担う意味で対
人関係のあり方も，より複雑な問題を呈する。したがって，社会人として生きる
人々の問題を支える"横糸"としても，企業内，産業領域での相談が窓口になり，
医療機関との連携が求められる。一旦休職をしたあとの復帰には，どういった職
場環境であれば適応できるかの心理アセスメントが必須となる。

　老年期は，老親と，子どもとその配偶者の問題などといった，家庭内の問題が
挙げられる。同時にそれは，共に年齢を重ねていくパートナーとの問題など，高
齢化社会を迎えた現代日本の心理臨床実践における重要な課題でもある。成人期
の子どもたちと老年期のクライエントの問題は，双方の世代における価値観の違
いが大きく，そのズレを認め，理解していく支援が必要となる。これらの心理ア
セスメントにおいては，多くの場合，セラピストとしてクライエントに向き合う
世代は，子ども世代，時に孫世代となる。そのため，実際の家庭内で起きている
問題は，そのアセスメント場面や心理療法の場面に投影されやすい。筆者の実践
経験では，セラピストとしての筆者が，実年齢では子ども世代としてみられてい
るはずであるが，内的な対象関係に理解を持ちながら心理アセスメント，そして
心理療法を進めていくと，クライエント自身の満たされなかった親への願望が持
ち込まれた。筆者との関係性について介入していくことで，用心深いクライエン
トが次第に自らの問題理解へと歩みを進めていったのである。心理アセスメント
に現れる対人関係の特徴は，一様ではない。多角的に理解し，フィードバックに
活かすプロセスが，心理療法的に機能できるのである。

　第4章で詳述されたように，エリクソンが1959年に初版『Childhood and
society』を世に送り出した頃から，老年期という世代自体が大きく変化した。各
年代が現代社会において変化してきているが，今日ではとりわけ，青年期の前後
への拡張と，老年期の延長は，人々の生きるということ，そして死を迎えること

の意味を考えることにつながっている。それらの変化を鑑みて，エリクソン夫人であるジョアンによって，『ライフサイクル，その完結〈増補版〉』が，1997年に出版された。そこには新たな前書きに加えて，「第9段階」，「老年期のコミュニティ」，「老年的超越」が新たに書き下ろされている。筆者は，かつて，故河合隼雄先生のご講演の中で，「人生60年と思って始まった人生が，いきなり途中で80年以上までいけるってなってしまったら，その延長分をどうするのかってなりますよね」と語られていたことを想起する。定年で退職する年齢の延長がなされ，60歳以降の人生の再出発が可能となっていることも現代の特徴である。

　高齢者は，これまで職場や家庭において果たせてきた役割を担うことができなくなり，次第に子世代に頼らざるを得ない想いを抱える。それは，現役時代には主導権を握っていたものを，自らの衰えを認め，手放し，譲ることである。しかしそこには，本人にとって極めて複雑で簡単に割り切れない想いがあるため，家庭内でも葛藤が生じるのである。高齢者への心理アセスメントでは，「できなくなった人」と思われているという怒りや嘆きを受け止め，心理臨床実践を行う上での原則であるクライエントへの尊厳を意識して向き合う必要があろう。心理アセスメントの検査者（施行者）やセラピストに，かつての栄光を語るクライエントは，なぜ，今それを話したいと思うのか，それが今のクライエントが抱える問題とどのように絡み合うのかを把握しなければならない。表面的な話題だけではなく，それが検査室や面接室での語りとして持ち込まれた意味をも含めてである。そうした姿勢から，そこに現れた対人関係の特徴を，心理療法を含む心理的支援に活かしていくのである。

3. 関係性にもとづく理解——心理療法に活かす心理アセスメント——

　先述の世代間で異なる価値観に加え，老親と成人して活動的に生きる子世代では，時間の感覚に大きなズレがある。これをあたかも同じ時間を生きてきたかのように，またそうしなければ共に生きられないかのように他方に強いてしまい，自分の枠組みでしか考えられないようになるのは，世代間境界が喪失，あるいは硬く閉ざされたものになっているということである。世代間境界は，柔軟でありながら確固たる枠組みを持つべきである。そうしなければ，家族としても，職場

の仲間としても，また教育現場の師弟としても共存していくことは難しい。青年期と成人期も同様である。これらのズレが，新しい他者理解につながる場合と，このズレによって対立が起き，その修復が困難な場合がある。後者は当然のごとく，支援が必要になる。世代間の相互性という観点からも，それぞれの世代のかかわり合いの中で自らが生きていることを，心理療法において扱っていくべきであろう。

　心理臨床という営みは，眼前のクライエントに対して，「わからないこと」に率直で，ある意味無力さを知るセラピストが，向き合い，過酷な歩みを伴走することで，クライエントが自らの道を拓くのを見守ることと考えている。それゆえ，心理アセスメントという行為は，その道行きの指針になるものである。クライエントの歩みについて，大きな問題がある，つまり病的な考え方がその歩みを支配しているときには，セラピストがその方向性の是非についての理解を伝える必要もある。

　心理アセスメントが有効に働かないままに，ただ心理療法を進めていくのは，クライエントの歩みに伴うセラピストとしての責任も果たせないことになる。その責任を果たすためには，本書でまとめてきた各ステージを生きるクライエントの理解と，そのパーソナリティ形成，現在の問題を抱えるに至った経緯に関与する環境としての他者とのかかわりあいを，相互的な問題として理解し，心理療法に活かしていくことが重要なのである。

　現在では，力動的な心理療法において，クライエントからセラピストに向けられる「転移」ならびに，セラピストが心の中の想いや感覚に基づく「逆転移」（立場，あるいは水準によって，セラピスト自身の生活史中に呼び起こされた感覚であること，あるいは，クライエントが排出してくる想いや感情をセラピストが内的に体験するという理解の違いがある）を手がかりに治療関係を丁寧に考えていくのが当然のこととなってきた。エリクソンは，上記の前者の立場をとりながらも，「精神分析の状況は，あたかも分析家の心と患者の心が相互に関連を持ちながら動く二つの「供応システム」として働く姿として描くことができる（Erikson & Erikson, 1997 村瀬・近藤訳 2001）」としている。これは，教育現場においても発達の観察においても同様であることから，心理アセスメントにおいても重視すべき感覚であろう。描画法において，ロールシャッハ法において，眼前の検査者

（施行者）に向かって表現したい心のありようは，質問紙検査によるそれとは異なるのである。それゆえ，テストバッテリーが必要となるのである。

　一方でそれは，検査者自身が，検査上中立的にみられていない部分を丁寧に検討し，客観的にみようとする姿勢につながる。経験を積み重ねてもなお，この感覚は必要で，心理療法と同様に心理アセスメントにおいても，訓練を継続していくことが心理臨床家のスキルアップにつながるのである。ロンドン・クリニックの所長を務め，極めて多くのアセスメント行為を重ねてきたコルタート（Coltart, 1987）は，アセスメント面接における姿勢で，多くのリファー先としての精神分析家とのつながりを重視している。さらに，自らが患者に求めている姿勢が，アセスメントを客観的ではない状態にしてしまうことに注意しつつ，短い時間で的確にアセスメントすべき姿勢について述べている。これらのポイントは，筆者自身も心理アセスメントの訓練についてまとめてきたところとつながる（髙橋，2014; 髙橋・鍛冶・高澤，2018）。

　現代社会を生きるクライエントの心のありようを丁寧に読み解いていくこと，そこには，その世代として苦しみもがくクライエントが，誰とどのような関係を持っているのか，検査者（施行者）との関係性には，それが反映しているのかをも含め，幅広い，かつ深い検討が求められる。ここで繰り返し主張してきたように，他世代との相互関係性は，その検討に必須の思考となるであろう。そして，私たち心理臨床家には，分析した内容を誰に，どのようにフィードバックをしていくのか，それが心理療法，心理支援，心理教育や訓練といった道筋に適切に誘うことができるのかについて，心理臨床のこころを持ってしなやかに考えをめぐらす力が必要なのである。

【参考文献】

American Psychiatric Association（2013）*Diagnostic and statistical manual of mental disorders, 5th ed.* Washington, DC: American Psychiatric Association. 高橋三郎・大野裕（監訳）（2014）．DSM-5 精神疾患の診断・統計マニュアル．医学書院．

Coltart, N.（1987）Diagnosis and assessment for suitability for psychoanalytic Psychotherapy. In N. Coltart (Ed.), *Slouching towards Bethlehem...: And further psychoanalytic explorations.* London: Free Association Books, pp. 15-26.

Erikson, E. H.（1959）*Identity and the Life Cycle.* New York: W. W. Norton & Company. 西平

直・中島由恵（訳）（2011）アイデンティティとライフサイクル．誠信書房．

Erikson, E. H.（1963）*Childhood and society, 2nd ed.* New York: W. W. Norton & Company.

Erikson, E. H.（1968）*Identity: Youth and Crisis.* New York: W. W. Norton & Company.

Erikson, E. H., & Erikson, J. M.（1997）*The Life cycle completed, A Review, Expanded edition.* New York: W. W. Norton & Company. 村瀬孝雄・近藤邦夫（訳）（2001）ライフサイクル，その完結〈増補版〉．みすず書房．

文山知紗（2020）発達障害に関する描画研究の概観——風景構成法に焦点をあてて——．京都大学大学院教育学研究科紀要，66, 193-204.

衣笠隆幸（2004）境界性パーソナリティ障害と発達障害：「重ね着症候群」について——治療的アプローチの違い——．精神科治療学，19(6)，693-699.

前田重治（2008）図説 精神分析を学ぶ．誠信書房．

松木邦裕（2005）私説 対象関係論的心理療法入門．金剛出版．

森田美弥子・髙橋靖恵・髙橋昇・杉村和美・中原睦美（2010）実践ロールシャッハ法．ナカニシヤ出版．

名古屋ロールシャッハ研究会（編）森田美弥子・加藤俊子・髙橋昇・髙橋靖恵ほか責任編集（2018）ロールシャッハ法解説——名古屋大学式技法——．金子書房．

Rapaport, D. et al.（1945-1946）*Diagnostic Psychological Testing, 2 vols., 5th ed.* Chicago, IL: The Yearbook Publishers.

佐々木大樹（2017）児童相談所での回数制限面接による施設入所児への危機介入．心理臨床学研究，35(5)，549-555.

佐々木大樹（2019）児童福祉施設における暴力の防止と解決への実践の検討．京都大学大学院教育学研究科紀要，65, 81-93.

髙橋靖恵（編）（2008）家族のライフサイクルと心理臨床．金子書房．

髙橋靖恵（2011）心理査定法と精神分析．臨床心理学，11(6), 831-835.

髙橋靖恵（2014）臨床のこころを学ぶ心理アセスメントの実際．金子書房．

髙橋靖恵・鍛冶美幸・高澤知子（2018）特集 スーパーヴィジョンをめぐる研究報告 心理アセスメントのスーパーヴィジョン．心理臨床スーパーヴィジョン学，4, 44-55.

髙橋靖恵・神尾陽子（2008）青年期アスペルガー症候群のロールシャッハ——高機能自閉症事例との比較検討——．心理臨床学研究，26(1), 46-58.

鑪幹八郎（1977）精神分析と発達心理学——エリクソンを中心に——．村井潤一郎（編）発達の理論，pp. 147-213．ミネルヴァ書房．

鑪幹八郎（2002）鑪幹八郎著作集Ⅰ アイデンティティとライフサイクル理論．ナカニシヤ出版．

吉村聡（2019）児童青年期精神科臨床とロールシャッハ法．児童青年精神医学とその近接領域，60(3), 328-333.

あとがき

あらためて「わからないこと」に向き合うということ

　「まえがき」に記したように，本書は，京都大学において開催された日本ロールシャッハ学会第23回大会におけるシンポジウムでの内容を発展させ，まとめたものです。大会は2019年9月22日，23日の両日にわたって開催されました。ちょうどそれから1年が経ち，このあとがきをしたためています。その1年で，世界は大きく変化しました。2020年は，おそらく世界中の誰もが忘れることができない年でしょう。新型コロナウイルス感染症（COVID-19）に見舞われ，日常生活が大きく変化を余儀なくされる事態となったのです。本書は，日本ロールシャッハ学会第24回大会が開催される岐阜県高山市の会場にて，秋深まる風情の中で販売となる予定でした。

　私たちの所属する学会は，ほぼすべてがオンライン開催となり，当学会の第24回大会も同様となりました。私自身，オンラインでの対話は極めてパーソナルな場面に限られていました。しかし，学会の理事会で，規模の大小にかかわらずさまざまなミーティングで，そして大学の授業や指導においてもそれは多用されることとなったのです。

　一方，この時勢の中で，我々の同胞がさまざまな心理臨床家による支援活動を行っています。本書や私自身の関係では，コメントを寄せていただいた坂井新先生による「ライン」でのオンライン相談活動や，西見奈子先生による心理臨床家の集う情報共有サイトの開設，さらに特定非営利活動法人九州大学こころとそだちの相談室による「オンライン居場所活動」などです。そして，私たちが所属している日本臨床心理士資格認定協会，日本臨床心理士会，日本心理臨床学会等の団体においては，心の健康とケア，経済支援活動や，感染対応などを含む幅広い情報発信の活動が行われています。新しい日常の中にも，私たちは，心の理解と支援という営みを丁寧にかさねていかなくてはなりません。

　コロナ禍にあって，私たちは，未知なる敵と闘うことを強いられています。人は「わからないこと」に耐えることがとても困難に感じ，「わかろうとする」ことを追究しないではいられなくなります。しかし，わからないことはたくさんあるのです。私たちがクライエントと相対するとき，まずこの矛盾に向き合うことになります。クライエントは，心理アセスメントの段階から「これまで誰にも理解されなかった自分の気持ちをなんとかして理解して欲しい，理解してくれる人に出会いたいと切望してきました」と言います。しかし，自分自身がわからない心を，数回会った他者が果たして「わかる」のでしょうか。「わかって欲しい，でもわかるはずがない，わかってたまるか」と，気持ちは揺れます。セラピストは，「あなたの気持ちを理解しようとしています」という意気込みとともに「わからないでいる」自分を専門家として不甲斐ないと思ってしまうのです。

　このわからない，知らないことに耐え，そこに留まる力を英国の詩人キーツがnegative capability と名付けたことをふまえ，精神分析家ビオンが，精神分析過程においてもその重要性を唱えたのは著名なことです（Bion, 1984 福本・平井訳2002）。さらにベルモートは，キーツが先人たちの唱える人間に対する客観的で公正な見方を重んじ，共感的な同一性をもって詩人としての資質の必要性を説いたことは，ビオンが精神分析において必要と語っている捨身の構えに通じると述べています（Vermote, 2019）。松木（2009）は，このビオンの主張について，明快な言葉で解説しています。

　「負の能力」とは，「真実や道理を得ようといらだってあがくことなく，不確実，神秘さ，疑惑の中にいることができる」といいます。さらに「私たちが生きていくのに大切な‘経験から学ぶ’ということの重要な要素のひとつは，この知らないことにもちこたえるという体験をその人が体得しているか，それを省みることができるかということでもあるのです」（松木，2009）。

　セラピスト自身が通ってきた世代だからこそ，「わかる」と思ってしまうこと，現代は，過去と違ってめまぐるしく移ろうが故に，「到底我々世代ではわからない」と真摯に想うことなど，アセスメントをする者には，さまざまな想いが去来します。私は，常々教育において「わからないことが言葉にできるように」伝えています。それは，大学院生になりたての頃，わからないかわかっているかも「わからない」からです。しばらくの経験を積むと，「わからない」ことがみえてきます。

そうして，先に述べたように，その答えをすぐに見つけずに「わからなさ」に留まれるかが，心理臨床家として大切な心持ちとなります。しかし，心理アセスメントの依頼を受けて，「何もわかりません」では，専門職としての業務遂行ができません。理解できたことと残された疑問をそれぞれ丁寧にまとめ上げられることが大切と感じています。

北山（2018）では，精神分析という営みの専門家として，未消化なもの割り切れないものをしばし置いておき，ゆっくりと消化していくプロセスを重視しています。これは，精神分析に限らず，すべての心理療法にも，心理アセスメントにも通ずると思います。心理アセスメントは，心理療法の導入期にされるものですが，治療が開始された後も，また終結を考えはじめる時期にも振り返るべきものです。導入期に残された疑問がセラピスト－クライエント関係によって，丁寧に理解されていくのです。

さて，本書は，ライフステージを臨床的に理解していくために私たちがどうすべきかを提言とコメントという形式でまとめあげてきました。素晴らしい10人の心理臨床家の先生方による多角的なアプローチが披露され，濃密な内容になりましたことにあらためまして深謝申し上げます。「世代間の交流」という視点から，本文の中のいくつかをとりあげて，まとめに代えさせていただきます。

第1章で，髙橋昇先生が指摘された「子どもは取り囲まれている」というのは，とても含蓄があります。子どもは，わかってくれるはずの大人たちにわかってもらえずに苦しんでいます。しかし，その助けを自ら呼ぶことはありません。やはり大人たちによって助けの手が差し伸べられるのです。今度こそ，わかってくれるはずと子どもは不安と期待を込めて心理療法などの心理的支援を受け入れるでしょう。その不安と恐怖に満ちた心の理解から，心理アセスメントを開始することが，重要な一歩といえましょう。特に私たちは，心理検査において，投映法以外のツールでは「平均的」という考えを基準にせざるを得ません。しかし，この平均的というのは，そうした素地が整う環境もすべて統計的に考慮した上で出された数値と思ってよいでしょう。果たして，目の前の子どもの環境はどうであったでしょうか。両親の育児はどのような考えに基づいていたのでしょう。学校環境はどのようであったのでしょうか。あらためて，大きな環境の影響力を考慮し

なくては，理解が進みません。私たちの子どもへの眼差しが，「わかっている」ことを前提としていないか，振り返りたくなりました。石井佳葉先生，元木幸恵先生の，謙虚でありながらも厳しい眼差しをもつ新鮮なコメントは，若手の読者の皆様を大いに勇気づけてくださるものと思います。

　青春期の心理アセスメントについて，日下紀子先生は，クライエントの痛みにふれることの難しさと大切さについて，耐えがたい痛みをいかに理解できるかも含め，丁寧な臨床経験の記述からふれてくださっています。そして，ほんの少し前まで青春期であったはずのセラピストが，なぜ彼らについて理解しがたく，かかわりづらいと感じるのかという問いを投げかけられています。それを受けて藤本麻起子先生から，本書のテーマに沿って，共感と世代差を横糸と縦糸にしながらコメントをしてくださっています。近い世代だからこそ，わかりすぎる怖さを思うセラピストは，同時にめまぐるしく変化する世代にあって，以前にはなかったことが，現在の常識になっている流れの速さも痛感するのです。経験豊かなお二人の先生方によって紡がれた章が，一つにまとまって理解が深まります。

　さて，実はここまでは，セラピストの方がクライエントよりも必ず年上であるという前提でアセスメントがなされる世代です。次章の成人世代は，セラピストはクライエントより若いか同世代になり，同じコホートに属する場合は，「あるある」，「わかるわかる」となりがちな難しさを抱えることになります。加藤志ほ子先生からは，深く幅広い理解が臨床ビネットを通して伝わってきます。あらためて，これまで社会生活を送ってくることができたはずのセラピストと同世代のクライエントが，今は直面している葛藤に苛まれ，クライエントでいることをしっかりと受け止めるべきでしょう。そして，我々が理解したクライエントの心を，丁寧に伝え返していく作業が求められます。ここで，坂井新先生は，その世代における課題をあらためて咀嚼し，内なる他者とセラピストを含む社会という外にいる他者，先行する世代との内なる対話，相互性という視点からこの章に厚みを加えてくださいました。

　最後に，老年期世代を生きるクライエントについて，孫世代，子世代，同世代，そしてあの世世代との関係性という視点から，西尾ゆう子先生がまとめてくださっています。この世において，クライエントの次第にできなくなっていく哀しみを理解するセラピストと，主体的にかかわることのできる関係性を共に持ち得

るかどうかを我々に問いかけているようです。西尾先生の臨床ビネットや論考から，今を受け入れることの難しさや抵抗をどう理解して，どう返していけるのか，心理臨床家にとってそのかかわりの深さが求められます。そして西見奈子先生から，エリクソンが老年期に必要な依存を取り上げていたところを引用しつつ，絶対的な信頼を向けることの課題と共に，失う哀しさを取り上げています。ここで引用されているフロイトの「無常」という小論は，奇しくも私自身が，この「あとがき」で引用したいと思っていた論考でした。同じ1915年に書かれた著名な『喪とメランコリー』へと続く，短いけれど含蓄のある小論と思っています。過ぎゆく時の流れの中で，美しさや力が衰えてもその価値は損なわれないのです。老年期を生きるクライエントが，他者を信頼して身を預けることができるのかどうか，そこに起きる抵抗を我々は，積極的な生への意味を持つものとして見過ごさずにいられるでしょうか。アセスメントに際しても覚悟が求められるのです。

　小川俊樹先生には，「ライフサイクルとロールシャッハ法をめぐって」として，日本ロールシャッハ学会を長きにわたって率いてくださってきたご経験から総括となる論考をお寄せいただきました。臨床活動のみならず，臨床研究を進める読者にもたいへん参考になる資料の提示も含めて，極めて多角的な視点からまとめてくださいました。本書全体がより濃厚になり発展的になったように思います。

　著者の先生方が，このタイトルからエリクソンのライフサイクル理論をすぐに想起され，それに従ってまとめてくださっています。しかし，この理論自体が，現代にそぐわないもの，各世代の課題自体が限定的，ジェンダーについてさらに深い検討が必要などと批判されるところがあるようです。それでも，私が冒頭に述べたように，各世代の相互性，相補性は，こうしてセラピスト－クライエント関係を理解してすすめていく現代の心理療法において，そして心理アセスメントにおける検査者との関係においても欠かせない視点といえましょう。

　日本ロールシャッハ学会第23回大会における松木邦裕先生の特別講演「心理アセスメントに期待するもの」と，それに続く馬場禮子先生と松木邦裕先生のご対談は，本学会において記念すべきものと思いました。特に，検査者に向けられる転移について議論が交わされたところは，とても興味深く拝聴しました。テストバッテリーを組んで多彩な検査を持ち込む検査者に対しては，転移関係も深まっていく，それをいかに自覚して，フィードバックしていくか，また同じ者が

心理療法に誘うのであれば，その状況を客観視して，治療的な関係に進んでいけるかどうかが重要と感じています。学派が異なりながらも同じ精神分析を志向される経験豊かな専門家の先生方による討議は，聴衆に多くのイメージを膨らませてくださいました。本書のまとめと共に，あらためてご講演，ご対談を振り返り，貴重な機会をいただけましたことに深謝申し上げます。

　ご批判を受ける覚悟で申し上げれば，こうしてみてきますと，自我心理学から発展したロールシャッハ法が，現在のクライン派から発展した対象関係論と相俟って，アセスメントにおいて投影されるクライエントの内的対象関係理解が，より豊かに考えることができると私は思うのです。本書著者の先生方が，その編者の意をくんでくださいましたことに，心から御礼申し上げます。

　冒頭にも述べましたように，日本ロールシャッハ学会第23回大会を運営してくださいました京大ロールシャッハ研究会の皆様，そしてそれを支えてくださいました京都大学大学院教育学研究科臨床心理学講座の先生方に，心からお礼申し上げます。最後になりましたが，関連書籍では，金子書房編集部の井上誠氏には，本当に長い間お世話になってきました。本書も井上様の支えがあってこうして完成することができましたことに，あらためてお礼申し上げます。

　ようやく秋らしい柔らかな陽射しが差し込んで来ています。初夏から始まった集中豪雨と猛暑の日々は，まるで天が現代人に厳しい挑戦的な怒りを向けていたように感じました。環境破壊や数々の人間同士の諍いが，こうして地球全体を病んだ形にしているのだと言わんばかりに…。そうした自然の猛威は，いつどこに訪れるか予測がつきません。被害を受けられました皆様には，心からお見舞いを申し上げます。コロナ禍と猛暑，災害によって，四季の自然を感じられずにいましたが，それでも風は戻ってきました。

　私たちは，人として，自他の心を大切にすることができます。これから始まる未来に向けて，心理臨床家としても，私たちができることをさらに追究していきたいと思っています。

2020 年 9 月

編者　髙橋靖恵

文献

Bion, W. R. (1984) *Attention & interpretation. Transformations of Attention & interpretation (Seven servants).* Reprinted by Karnac, London. 福本修・平井正三（訳）（2002）第4部 注意と解釈. 精神分析の方法Ⅱ セヴン・サーヴァンツ. りぶらりあ選書 法政大学出版局.

Freud, S.（1915）*On transience, S. E. 14.* 本間直樹（訳）（2010）無常. フロイト全集, 14. 岩波書店,

北山修（2018）新版 心の消化と排出. 作品社.

松木邦裕（2009）精神分析体験——ビオンの宇宙——. 岩崎学術出版社.

Vermote, R. (2019) *8 Attention and Interpretation: In reading Bion.* London: Routledge.

●執筆者紹介

髙橋　靖恵 （たかはし やすえ）　　編者〔まえがき，第 6 章，あとがき〕

髙橋　　昇 （たかはし のぼる）　　愛知淑徳大学教授〔第 1 章，フィードバック〕
石井　佳葉 （いしい かよう）　　　京都文教大学特任講師〔コメント〕
元木　幸恵 （もとき さちえ）　　　愛知淑徳大学助教〔コメント〕

日下　紀子 （くさか のりこ）　　　ノートルダム清心女子大学准教授〔第 2 章，フィードバック〕

藤本麻起子 （ふじもと まきこ）　　聖泉大学准教授〔コメント〕

加藤志ほ子 （かとう しほこ）　　　南青山心理相談室〔第 3 章，フィードバック〕
坂井　　新 （さかい あらた）　　　遊心会にじクリニック副院長　〔コメント〕

西尾ゆう子 （にしお ゆうこ）　　　渡辺カウンセリングルーム〔第 4 章，フィードバック〕

西　見奈子 （にし みなこ）　　　　京都大学准教授〔コメント〕

小川　俊樹 （おがわ としき）　　　筑波大学名誉教授〔第 5 章〕

　　　　　　　　　　　　　　　　　　　　　　　　（所属・肩書は執筆時）

●編者紹介

髙橋　靖恵（たかはし やすえ）

名古屋大学大学院教育学研究科博士後期課程単位取得退学。愛知淑徳短期大学コミュニケーション学科助教授，九州大学大学院人間環境学研究院准教授を経て，現在京都大学大学院教育学研究科 臨床心理学講座教授。博士（教育心理学）。臨床心理士，家族心理士，公認心理師。

主な著書に『家族のライフサイクルと心理臨床』（編著）金子書房 2008 年，『実践ロールシャッハ法』（共編著）ナカニシヤ出版 2010 年，『コンセンサス ロールシャッハ法―青年期の心理臨床実践にいかす家族関係理解―』（著）金子書房 2012 年，『「臨床のこころ」を学ぶ心理アセスメントの実際』（編著）金子書房 2014 年，『ロールシャッハ法解説―名古屋大学式技法―』（共編著）金子書房 2018 年，『家族心理学ハンドブック』（共編著）金子書房 2019 年，他。

ライフステージを臨床的に理解する心理アセスメント

2021年2月22日　初版第 1 刷発行　　　　　　　　　　　〔検印省略〕

編　　　者　　　髙橋靖恵
発 行 者　　　金子紀子
発 行 所　株式会社 金子書房
　　　　　　〒112-0012　東京都文京区大塚3-3-7
　　　　　　TEL 03-3941-0111(代)　FAX 03-3941-0163
　　　　　　振替　00180-9-103376
　　　　　　URL　https://www.kanekoshobo.co.jp
印刷／藤原印刷株式会社
製本／一色製本株式会社
© Yasue Takahashi et al., 2021　　　　　　　　　Printed in Japan
ISBN978-4-7608-3832-5　C3011